KB044502

사장의
마음

사장의 마음

특별한 식당을 만드는
사장의 한결같은 마음

김일도 지음

넥스톤

모두,
예술가가 만든다.

차례

어느 날 갑자기 사장이 되었다

20년 넘게 매년 363일을 일하시던 엄마가 한동안 입원해야 했던 어느 날, 나는 가게 일을 시작했다. 주어진 미션은 카운터. 카운터를 잘 지키고, 돈 잘 받고 잘 거슬러주기만 하면 되는 일이었다. 기한은 엄마가 퇴원할 때까지였다.

생각보다 어렵진 않았다. 낯선 사람을 맞이하고 보내줘야 하는 일이 조금 피로하긴 했지만 금세 익숙해졌다. 엄마는 정확히 보름 만에 퇴원했다. 하지만 퇴원하자마자 일을 다시 시작하는 것은 무리였기에 좀 더 시간을 갖기로 했다. 엄마는 평생 제대로 쉬어본 적이 없었으니 이 참에 좀 더 쉬며 친구들도 만나고 싶다고 하셨다(물론 내가 가게 일을 믿고 맡길 만한 수준으로 잘했기 때문이다).

그런데 무엇이든 한번 시작하면 끝장을 보는 성격 때문인지, 휴식기에 들어간 엄마는 돌아올 기미가 보이지 않았다. 제대로 시작해 보겠다고 마음먹은 것도 아니고 임시로 가게를 맡았을 뿐이었는데, 어느 날, 가게에 오신 엄마 친구분들의 대화에서 '엄마가 은퇴했다' 는 내용을 엿듣게 되었다. 엄마는 그렇게 말없이, 준비도 없이 자연 스럽게 은퇴한 거였고 나는 얼떨결에 가업을 이어받은 그림이었다.

억울했다. 취임식 비슷한 거라도 했어야 했는데, 내 가게를 연다면 좀 화려하게 등장하고 싶었는데 카운터 땜빵을 하다 내 일을 시작 하게 되다니!

심지어 엄마는 아무런 인수인계도 해주지 않았다. 나에게 가게를 물려주겠다는 계획이 있었던 것도 아니어서, 어떻게 해야 할지 엄마 도 몰랐던 게 분명하다. 그냥 놔버린 것이다. 결국 내가 어떻게든 헤 쳐 나가야 하는데 그 방법을 알 길이 없었다.

사실, 가게는 그냥 두어도 그럭저럭 흘러갔다. 손님이 오고, 음식 을 내고, 돈을 받고, 손님이 가고. 정리하고 다시 준비하고 손님이 오 면 또 손님을 맞는 일의 반복이었다. 단순했다. 더 파고들고자 하면 무한대였지만 파고들지 않아도 별 탈이 나지는 않았다.

하지만 나는 파고들고 싶었다. 그렇게 마음먹고 나니 겨우 식당 하 나 운영하는 데에도 노무, 재무, 세무, 마케팅, 브랜딩 등의 경영학이 총동원되어야 했다. 반드시 필요한 내용들이기는 했지만 알면 알수 록 결론은 단순하다는 생각이 들었다.

손님이 잘 오게 하고, 음식을 잘 내어주고, 돈을 흔쾌히 지불하게 하고, 손님을 잘 보내주고, 잘 정리하고 잘 준비하고, 손님을 다시 오게끔 하는 것. 결국 본질은 겨우 몇 개의 단어일 뿐이었다. 나는 그 단어들을 복잡하게 해석해서 파고들기도 했지만, 단순하게 바라보는 걸 더 잘했던 것 같다.

　사업이 궤도에 오르면서 사람들이 장사 잘하는 법에 대해 묻기 시작했다. 젊은 사장의 성공담에 관심을 보이는 사람들이 늘어났다. 특히 기가 막힌 마케팅 기법이나 브랜딩 노하우를 얻고자 하는 이들이 많았는데, 애초에 그런 건 없다고 아무리 말해도 소용 없었다.

　본질, 손님이 식당에서 맛있게 먹고 가는 이야기들이 쌓이고 쌓이는 게 마케팅이고 브랜딩이라는 사실을 알려줘야 할 것 같았다. 손님들과 직원들 그리고 식당 사장이라는 관계에 얽힌 수많은 이야기에 해답이 있다고 말이다. 그래서 내 이야기부터 내놓기로 마음먹었다. 이제껏 일기처럼 하루하루 쌓아온 내 생각, 내 마음을 털어놓기로 했다.

　내가 사장이 되어가는 동안 장사에 대한 조언을 해준 선배들은 있었지만, 자신의 마음을 들려준 사람은 많지 않았다. 추상적이고 원론적인 이야기들 말고, 실제 장사 이야기가 필요했다. 해답은 남에게 있지 않고 내 안에 있다. 누군가의 이야기를 통해 나 자신을 발견하고 내놓는 답이 가장 정답에 가깝다. 나 같은 사람들을 위한 그런 마음이 내게 글을 쓰게 했는지도 모르겠다. 세상에 차고 넘치는 성공담 대신, 장사와 손님과 음식을 대하는 누군가의 마음이 더 소중하게 쓰일 수도 있겠다 싶었다.

그럼에도 책을 내기까지 많이 망설였지만 처음 장사를 시작할 때보다는 조금씩 나아가고 있다는 생각에 용기를 냈다. 부득이하게 사장의 마음이라 표현했지만 이 책에는 직원의 마음도 있고, 손님에게 전하고픈 마음도 있고, 당장이라도 때려치우고 싶은 자영업자의 속내도 들어 있다. 교과서적인 '정석' 같은 걸 기대했다면 실망할지도 모르겠다. 그냥 덤덤하게 풀어놓은 이야기들에 공감을 하고, 위로를 받고, 숙제를 가진 당사자만이 볼 수 있는 소소한 팁들을 얻어갔으면 좋겠다.

———

손님을
대하는
마음

———

외식업도 결국엔 사람 일이다.

먹는 사람의 마음, 일하는 사람의 마음,

그 사람들의 마음을 공부해야 한다.

그 과정에서 나의 마음도 마주보아야 한다.

그게 내가 여행하고, 먹고, 사진을 찍는 이유다.

"여긴 부추무침
   안 주잖아요!"

내 첫 번째 매장은 오픈 초창기 부진을 면치 못했다. 나는 그 이유를 찾기 위해 주변 경쟁업체와 비교해보고, 우리의 장점을 극대화하기 위해 내가 할 수 있는 모든 노력을 기울였다.

특히 내가 주목했던 건 맞은편 곱창집이었다. 우리 가게는 그 집보다 맛은 말할 것도 없고 양도 월등히 많고 식재료도 좋았다. 이래저래 우월감을 느낄 이유는 많았고, 그걸 자부심 삼아 운영하고 있었다. 유일하게 부족한 거라곤 손님 수.

음식이라 할 수 없을 정도로 맛없는 그 가게가 왜 우리보다 잘되는 건지 도무지 이해할 수 없었다. 심지어 서비스조차 엉망이었다. 우리는 그 이유를 자리가 좋기 때문이라고, 그것뿐이라고 우겼다.

그러던 어느 날, 우리 가게 앞을 지나가던 사람이 자기 친구가 곱창 먹는 걸 발견하고 들어왔다. 그는 다짜고짜 친구에게 이렇게 말했다.

"왜 여기서 먹어? 저기 맞은편 집으로 가지."

"여기가 더 맛있어! 양도 많고."

그들의 대화를 엿듣던 내가 끼어들었다.

"우리 곱창 안 드셔보셨죠? 여기서 먹어보시면 저 집 못 가는데."

"먹어봤는데요?"

"아니, 그런데도 저기로 가신다는 거예요?"

"여긴 부추무침 안 주잖아요!"

망치로 머리를 맞은 듯했다. 아니, 곱창집을 선택하는 기준이 어떻게 부추무침이 될 수가 있어? 그런데 듣고 보니, 나도 그랬던 적이 있었다. 돈가스에 곁들여주던 된장찌개가 너무 맛있어서 그걸 먹으러 돈가스집에 가곤 했던 것이다.

영화가 흥행하려면 주인공 혼자만 잘나고 멋있어서는 안 된다. 외식도 마찬가지다. 외식업을 한다는 건 연출가는 물론이고 주연과 조연 모두가 힘을 합쳐서 하나의 매력덩어리를 만드는 일이다.

사람들이 원하는 게 반드시 근사하고 완벽한 것만은 아니다. 좋은 식재료를 써서 음식을 제대로 만드는 게 기본이긴 하지만, 때와 장소에 맞춰 사람들이 원하는 걸 알맞게 제공할 줄도 알아야 한다. 때로는 이쪽이 먼저일 수도 있다. 멸치를 아낌없이 써서 푹 우린 국

물도 좋지만, 추운 겨울에는 다시다 듬뿍 들어간 뜨끈한 길거리 오뎅국물이 더 좋은 음식일 수 있다.

진짜로 사람들이 원하는 건 무엇일까? 이 질문에 대한 답은 내게 '부추무침'으로 자리 잡고 있다.

　　　　　　　　　　　　　첫 번째 생각, 손님을 대하는 마음

'일정한 맛'을
하루하루 쌓아가는 일

　음식장사는 참 쉬운 것 같으면서도 어렵다. 경력이나 경험이 없어도, 자격증 하나 없어도 영업허가증과 사업자등록증만 발급받으면 바로 장사를 시작할 수 있다.

　사법고시 같은 걸 바라는 건 아니지만, 공무원이 되려고 해도 엉덩이 붙이고 긴 호흡으로 공부해야 하고 취업준비생도 준비기간이 만만찮으며, 똑같이 '음식점'으로 분류되는 카페를 차리려 해도 바리스타 자격증을 따거나 커피 아카데미를 다니며 준비를 하는데, 유독 음식장사는 그런 게 별로 없다. 물론 조리기능사 자격증이 있긴 하지만, 그런 것 없이 창업하는 경우가 훨씬 많다.

　늘 하던 것이기도 하고, 먹어온 것이기도 하고, 익숙하고 만만하기도 하니까 그냥 시작한다. 특히 엄마 손맛 믿고 덜컥 시작하는 게 음식장사다.

가벼운 마음으로 시작했다가 안 되면 수업료 낸 셈 치고 접을 수 있다면 좋겠지만, 절대다수의 음식장사는 가진 재산 전부를 걸어야 하는 도박과도 같다. 기본요소만 갖추는 데에도 수천만 원은 깔아야 해서, 제대로 하려 들면 시작 단계에만 수억 원이 들어간다.

엄청난 리스크가 곳곳에 도사리고 있는데도 나를 비롯한 대부분의 외식업자들은 멋모르고 뛰어드는 경우가 많다. 누군가는 그 엄청난 가시밭길을 뚫고 가고, 누군가는 통곡의 절벽으로 떨어진다.

게다가 음식장사는 다른 업종에 비해 모순이 많다. 콩 심은 데 콩 나고 팥 심은 데 팥이 나는 게 정상이건만, 음식장사는 유난히 그렇지 못하다. 손님들부터가 '님'이라고 부르기 싫은 사람투성이다. 가끔씩 우리 직원들과 하는 뒷담화를 빌려와 보자면 '손놈'들이 많다.

첫 번째 모순부터 이야기해보자. 바로 식재료다. 식재료는 한 번도 똑같은 상태로 들어오는 법이 없다. 늘 같은 크기를 고르려고 하지만 그래도 들쭉날쭉하다. 예를 들어 똑같은 15호 사이즈의 양배추라도 어떤 건 뿌리가 엄청 크고, 어떤 건 엄청 작다. 손님들은 양배추 줄기 부위를 별로 좋아하지 않는데 운 나쁜 날은 줄기투성이 양배추만 있다. 줄기만 다르면 다행이지, 양배추가 머금고 있는 수분과 당도도 천차만별인 데다 계절과 산지에 따라서도 상태가 다 다르다. 양배추가 이럴진대 양파와 대파라고 똑같을 리 없다. 마늘이나 생강, 고춧가루도 어떤 건 맵고 어떤 건 밍밍하다.

재미있는 건, 손님들은 항상 '일정한 맛'을 추구한다는 사실이다. 한결같은 맛을 기대하는 손님들에게는 미안한 말이지만 우리는 한 번도 똑같은 맛을 낸 적이 없다. 그럴 수밖에 없지 않은가? 소고기든 닭고기든 돼지고기든 복제품이 아닌 이상 늘 다를 수밖에 없는 식재료들이고 농산품도 계절마다 다른 게 정상인데, 그럼에도 손님들은 항상 같은 맛을 요구한다.

그래서 우리는 늘 일정한 맛을 낸다고 손님들이 '느끼게끔' 노력한다. 사실상 연출에 가깝다. 일정한 양, 일정한 플레이팅, 일정한 곁들임 등을 통해서 일정함을 연출하는 것이다. 대부분의 손님은 미각이 그렇게까지 발달한 건 아니라서 '염도'와 '당도'만 일정하면 세밀한 차이는 잘 못 느낀다.

노골적으로 이야기하자면, 간만 맞추면 평균은 할 수 있다는 말이다.

두 번째 모순. 우리는 한 번도 똑같은 서비스를 한 적이 없지만 손님은 늘 일정한 퀄리티의 서비스를 원한다. 하지만 서비스라는 게 사람 일이라 일정하기가 여간 어렵지 않다. 기분이 좋은 날, 나쁜 날, 슬픈 날, 피곤한 날, 상쾌한 날 매일같이 다른 날이다 보니, 똑같은 멘트를 해도 그날그날 꽂히는 게 다르다. 그리고 손님들은 음파 속에 담긴 그 미세한 차이와 표정을 종합해서 평가를 내린다. 고심에 고심을 거듭해 정한 최적의 멘트라도 그날의 음성과 표정에 따라 기분 나쁘게 받아들여질 수도 있는 것이다. 직원교육을 떠나서 내 경우만 해도 마찬가지다. 멘털이 무너진 상태에선 가식적인 표정조차 짓기 힘들 때가 있다. 그뿐 아니라 멘트를 받아들이는 손님의 기분 또한 천차만별이니, 이것까지 합하면 경우의 수는 무한대에 가깝다.

그래도 '일'이니 프로답게 해야 한다고는 생각하지만, 외식업 종사자들의 임금이 대부분 낮은 편이라 이들에게 퍼펙트한 프로페셔널을 기대하기는 다소 무리가 아닌가 싶다.

이런 이야기를 할 때면 반박하는 사람들이 있다. 급여를 많이 주면 되지 않느냐고. 그게 바로 내가 원하는 바다.

3000원짜리 김밥 한 줄 가격이 1000원만 올라도 얼굴 붉히며 쌍욕을 하는 손님들이 있다. 6000~7000원짜리 김치찌개가 1000원 더 올랐다고 불매운동하겠다는 사람들도 많이 본다.

앞의 모순은 실상 모두 '손님'들로부터 비롯된다. 늘 같은 맛을 낼 수 없다는 사실을 이해해준다면 오히려 더 적극적으로 제철에 맞는 맛을 선보일 수 있다. 맛을 화학공식에 기대지 않아도 된다는 이야기다. 돈을 좀 더 지불하고서라도 제대로 된 음식과 서비스를 기대하는 손님들이 많아진다면 음식점 수준도 그만큼 올라갈 테고 말이다.

이것이 내가 기대하는 외식업의 '선순환' 구조다. 요즘은 조금씩 이런 목소리가 높아지고 있고, 수고한다고, 고맙다고 말해주는 손님

첫 번째 생각. 손님을 대하는 마음

들도 부쩍 늘어서 외식업에 보람을 느끼는 순간이 자주 생긴다.

　여기까지는 손님들에게 기대하는 이야기, 말하자면 푸념에 가까웠지만 사실 숙제를 정말로 해결하는 건 식당 몫이다.

　먼저 재료다. 계절마다 달라지는 식재료들을 유심히 관찰하고 이해하는 과정이 필요하다. 양파가 언제 생산돼서 언제 창고로 들어가는지, 햇감자와 묵은 감자의 전분 차이가 얼마나 나는지 알아야 한다. 매장 운영이나 요리도 그렇다. 비 오는 날 매장 안에 소리가 울리면 음악의 볼륨을 얼마나 조절하는 게 좋은지, 그날의 온도와 습도 차이나 조금씩 다른 불의 세기로 인해 '몇 분을 끓인다'라는 매뉴얼이 무색해지는 요리들을 어떻게 컨트롤해야 하는지.

　그런 것들을 일정하게 맞출 수 있는 경험이 쌓이면 '장인'의 길로 가는 것이다.

　결국 음식장사는 장인의 길을 걸어야만 오래갈 수 있다. 바꾸어 말하자면 이렇게 자잘한 요소들만 잘해낸다면 살아남을 수 있다. 쉽기도 하고 참 어렵기도 한 게 음식장사다.

비 오는 날 매장 안에 소리가 울리면
음악의 볼륨을 얼마나 조절하는 게 좋은지,
그날의 온도와 습도 차이나 조금씩 다른 불의 세기로 인해
'몇 분을 끓인다'라는 매뉴얼이 무색해지는 요리들을
어떻게 컨트롤해야 하는지.
그런 것들을 일정하게 맞출 수 있는 경험이 쌓이면
'장인'의 길로 가는 것이다.

한 끼 식사에
어느 정도 힘을 주어야 할까

일도씨뚝불을 기획하던 시기는 나의 열정이 가장 불타오르던 때였다. 방배동과 분당 구미동, 그리고 지금은 없어졌지만 역삼동까지 일도씨닭갈비가 연이어 히트를 치면서 겨우 직영매장 5~6개로 외식인들의 주목을 한몸에 받았다. 해외매장도 한몫했다. 에이전시나 파트너도 없이 타이완에 일도씨찜닭을 순수직영점으로 오픈했던 터라 마치 세상을 다 가진 것만 같았다.

내가 최고였다. 전성기 같았다.

특히 분당 구미동 오리역의 애플플라자(지금은 CGV스퀘어)에 입점한 일도씨닭갈비는 많은 기업들의 연구대상이었다. 당시 애플플라자는 분당 끝자락에 있는 낙후된 쇼핑몰이었다. 4층에 한가한 영화관이 있다는 것을 제외하면 사람들이 찾을 일도 별로 없어 마치

버려진 곳 같았고, 그 영화관마저 다른 영화관에 자리가 없으면 찾아오거나 그 한가함이 좋아서 오는 곳이었다.

그런 애플플라자가 리뉴얼에 착수했을 때, 나는 내 가게와 잘 맞을 것이라 판단하고 입점을 결정했다. 모두가 '왜?'라고 했지만 나에게는 확신이 있었고, 오래지 않아 그 확신은 현실이 되었다. 당시 대기업의 외식업 진출이 본격화돼 한창 논란이었을 때라 우리는 그 대기업들과 경쟁해야 했는데, 오히려 일도씨닭갈비 애플플라자점이 대기업들의 벤치마킹 대상이 되었다. 그들은 늘 '대체 이 매장은 왜 이렇게 잘되는가'를 집중탐구했다.

그쯤해서 나도 우리의 경쟁력이 무엇인지 진지하게 따져보았다. 우리의 성공요인은 무엇이었을까? 닭갈비집 같지 않은 깔끔하고 세련된 인테리어와 디자인? 아니면 신선하고 건강한 식재료? 적절한 입지? 가성비? 독특한 컨셉?

나름대로 분석을 끝마친 나는 일도씨닭갈비 바로 옆에 일도씨뚝불을 열기로 결정하고 기획에 들어갔다. 돈을 더 많이 들여서 근사하게 인테리어를 했고, 그 비싸다는 한우 1^{++}등급 고기를 사용했으며, 유기농 혹은 친환경식재료를 쏟아부어 작품을 만들었다. 그러면서도 가격은 닭갈비와 똑같았다. 어마어마한 '히트'를 예상했다.

전주대 산학협력단과 협업해 메뉴를 만들었고, 식기도 프랑스 명품 주물냄비인 르쿠르제와 스타우브 냄비로 구성했다. 전주를 오가며 교수님과 그 수제자들까지 투입돼 진행한 초대형 프로젝트였으니 내 모든 것을 쏟았다고 해도 과언이 아니었다.

오픈 전날, 이런 생각을 했다.

4집 앨범까지 히트 친 가수가 5집 앨범을 내는 기분이라고.

5집에 대한 부담감이 크다는 이야기였다.

4집에서 5집으로 넘어가는 건 3집에서 4집을 내는 것과는 조금 다르다. 히트가 요행이 아니란 걸 증명하는 시점이고, 맨날 똑같은 스타일로 우려먹는다는 평을 받을까 봐 두려워지기 시작하는 때다. 그 와중에 같은 스타일이 먹힌다면 스테디함을 입증하는 것이기도 하다. 음악성을 가미하자니 대중성을 잃고, 대중성을 밀고 가자니 음악성이 없다고 비난받을까 봐 두렵고.

나는 그 평가가 두려웠다. 망할까 봐.

일도씨뚝불은 대중성 가득했던 나의 브랜딩에 처음으로 작품성을 가미한 곳이었다. 좋은 재료, 좋은 식기류, 좋은 분위기, 좋은 가격, 친환경 또는 유기농식재료, 조미료 없음.

그 결과

처참하게 외면당했다.

바로 옆 닭갈비집은 손님들이 1시간 넘게 대기하는데 일도씨뚝불로는 아무도 들어오지 않았다. 당장에 쌓이기 시작한 적자보다 더 타격이 심했던 건 자존심이었다. 견딜 수 없이 창피했다. 직원들에게도, 손님들에게도, 그리고 나를 아는 외식업 사장님들에게도.

스스로 분석한 성공요인을 모두 반영했는데도 안 된 이유부터 찾아야 했다. 그리고 그것에 맞춰서 스타일을 바꿔야 했다.

문제는 '대중적'이었다. 나는 대중음식을 하는 사람이다. 대중에게 맞는 대중적인 스타일에서 벗어나는 순간 외면당한다는 사실을 그때 제대로 깨달았다. 캐주얼하다는 것이 대체 무언지 찾아 헤맨 것도 그때였다.

음식점은 '한 끼 식사'를 위해 얼마나 적절히 힘을 주느냐에서 승부가 난다. 하지만 일도씨뚝불에서는 내 자아실현을 위해 너무 힘을 줬고, 대중식당을 기대한 손님에게는 부담스러울 수밖에 없었다. 불고기집에 너무 과한 요소들이 덕지덕지 붙은 탓에 손님들은 마치 정장을 입고 식사하는 것처럼 불편함을 느꼈고, 그것은 바로 '재방문의사 없음'으로 이어졌다. 맛도 좋고 다 좋았지만 왠지 정감이 덜한 가게가 된 것이다.

그 후로 나는 힘을 빼고자 많이 노력했다. 힘을 빼면 뺄수록 결과도 더 좋았다.

솜씨 좋고 스타성 있는 셰프들이 TV에 나오고 유명세를 타면서 '다이닝'이 대중에게 소개되었다. SNS에서도 핫하고 힙한 음식점이 입소문을 탄다. 대중음식을 하는 많은 외식업자들이 그런 흐름에 끌려서 어쭙잖게 따라 하다가 훅 가는 경우가 많다.

대중의 마음은 모순 덩어리다. 파스타와 스테이크를 좋아하는 것처럼 보이지만 1년에 1000번이 넘는 끼니 중 10번도 먹지 않는다. 반대로 방송이나 SNS에서 언급조차 되지 않는 된장찌개와 김치찌개는 수백 번 먹는다.

이 사실을 명심하고 업에 임해야 한다. 핫플레이스를 만드는 게 목표인지, 손님들이 자주 찾아주는 식당을 만들고 싶은지 스스로에게 다시 물어보는 시간이 필요하다.

오픈하는 순간,
백지가 펼쳐진다

    새 매장을 오픈하고 "일도씨가 새로운 식당을 열었다"고 공지하면 많은 사람들이 찾아온다. 축하해주러 온 분들도 있지만 대부분은 '평가'를 하러 오는 것이다. 식사하고 난 다음에는 '일도씨 별것 없더라'라며 실망감을 감추지 못하기도 한다.

    당연히 그런 평가도 있을 수 있지만, 내게 큰 의미는 아니다. 나는 애초에 그분들에게 잘 보이기 위해 가게를 연 것이 아니라 그 지역에 상주하는 사람들이 먹기 좋은 대중식당을 만들기 때문이다. 멀리서까지 찾아오는 특별한 식당을 만들 수도 있지만, 그런 곳일수록 자주 방문할 확률은 낮다. 평소 우리가 먹는 식사도 특별하기보다는 편하고 평범한 것과 같은 맥락이다.

    어쨌든 나의 요지는 이러하다.

'얼마나 잘 만들었는지 한번 보시라!'는 마음은 접어두자. 그것보다 '얼마나 잘 만들어가는지 지켜봐달라'고 사람들에게 말하고 싶다. 식당은 유독 그 부분이 중요하다. 완벽에 완벽을 기해서 모든 것을 완성시킨 후에 문을 여는 게 아니다. 오픈하는 순간 비로소 백지를 펼치고 연필을 든 거나 다름없다.

식당은 손님의 미세한 표정을 읽고 반응을 보며 계속 수정해가야 한다. 염도 0.1%의 차이로 싱거운지 짠지 맛이 갈린다. 달고 매운 것도 지역과 상권마다 수치를 조정해야 한다. 내가 생각한 그대로 손님이 받아들이는 경우는 절대 없다.

하다 보면 스케치가 복잡해질 수 있지만, 지워야 할 부분은 과감하게 지우는 결단력도 필요하다. 계속 지우고 채우고 다시 비워내야 한다. 그런 과정이 시간 속에 쌓이면서 뿌리를 내리는 게 식당이다. 그렇게 단단히 뿌리내린 식당은 하나의 예술작품이 된다.

피카소의 〈황소〉 연작을 본 적 있는가? 복잡한 구도와 묘사를 거쳐 마지막 그림에서는 몇 개의 선만으로 황소를 표현한다. 단순해 보이는 작품에도 거기에 이르기까지 얼마나 많은 고민과 시도가 필요한지 보여준다. 조급한 마음이 들 때면 피카소의 그림을 기억하자.

손님은
왕이 아니다

'손님은 왕이다.' 어디서 나온 말인지 모르겠지만 그 한마디가 수많은 사람들을 탁하게 물들여놓았다. 잘못된 명제 하나가 늙은 아저씨들이 여성점원들에게 추한 짓을 해도 감내해야 한다는 암묵적인 풍조를 만들어버렸고, 잘못 배운 사장들은 그 약속 때문에 직원을 지켜주지 못하고 비겁하게 외면해야 하기도 했다.

손님이 다짜고짜 서비스가 나쁘다고 하면 직원은 고개 숙여 죄송하다고 해야 한다. 사장님이나 관리자가 직원 편을 들어줄 틈도 없이 일단 우리가 잘못했다며 넘어가야 한다. 가끔씩은 그냥 표정이 마음에 안 든다고 하는 손님들도 있고, 말투나 억양을 가지고 트집 잡는 경우도 있다. 바닥까지 싹싹 긁어먹어놓고 맛없다고 난동을 피우면서 돈을 안 내려는 손님도 드물지 않다. 어느 식당은 얼마나 잘

해주는데 이 집은 이런 식으로 하면 안 된다는 둥, 자신에게 어떻게 하느냐에 따라 이 집이 잘될 수도 있고 망할 수도 있다는 둥 듣기 불쾌한 말을 늘어놓으며 길들이려고 하는 손님들도 종종 있었다.

손님은 왕이 아니다. 손님은 손님이다. 우리 집에 방문한 사람을 이미 높여서 부르는 말이 손님이다. 그보다 더 높일 이유는 없다. 우리 집에 방문한 사람을 정성껏 대접하고 돈 받고 잘 보내면 그만이다. 우리가 주인이라는 사실을 잊으면 안 된다. 손님에게 잘해주는 것은 그렇게 해주고 싶은 주인의 마음이 우러나왔을 때의 옵션일 뿐 필수조건은 아니다. 대접에 따라 재방문을 할지 말지 결정하는 건 손님의 몫으로 남겨두고 우리는 우리가 할 일에 집중하면 된다.

선을 그어줄 필요가 있다. 우리가 손님에게 해줘야 할 선이 어디까지인지, 해주지 않아도 되는 건 어디까지인지를 명확히 해야 한다. 우리 역할은 음식을 내어주는 것까지다. 만족할 만한 식사를 하게 하는 '배려'의 서비스는 추가 옵션으로 직원들이 스스로 결정할 수 있게 해주자. 우리가 자부심을 갖고 일하려면 영역 외의 것에 거부할 권리를 주어야 한다.

그러려면 먼저 '현장'에 대한 이해가 필요하다. 설거지를 알아야 설거지하는 사람의 애로사항을 납득할 수 있고, 서버가 되어 홀서빙을 해봐야 동선이나 손님의 반응 등 변수를 파악할 수 있다. 현장의 마음을 모르면 직원과 손님 중 누구의 주장이 옳은지도 알 수 없기 때문에, 제대로 지지해줄 수도 없고 지켜줄 수도 없다.

우리의 마음을 좀먹는 검은 손님 정도는 기꺼이 잃어주자. 그 정도 잃는다고 불안할 정도의 장사력이라면 이 일을 계속할 수 있을지 진지하게 고민해보는 게 낫지 않을까. 직원들을 지켜주고 보호할 수 있는 힘을 갖추자. 그것이 장기적으로는 더 많은 손님과 좋은 직원을 모아주는 귀한 경쟁력이다.

컴플레인에는
일단 사과부터?

외식업 종사자들의 뒷목 언저리쯤에 늘 딱 붙어 따라다니는 단어가 있다. 컴플레인.

이 단어는 어떻게든 털어내려 해도 딱 달라붙어서 도무지 떨어지질 않는다. 가게에는 하루에도 수십, 수백 명씩 각기 다른 손님들이 오기 때문이다. 취향도, 기호도 모두 다르다. 같은 음식, 같은 서비스인데도 누군가는 대만족하고 누군가는 투덜거린다. 더 어려운 건, 같은 사람이 어느 날은 만족스러워하며 갔는데 다른 날은 찌푸린 표정으로 돌아갈 때다. 그날의 기분에 따라 만족도가 달라지니 이런 변수까지 다 맞추는 건 쉽지가 않다.

변수만큼이나 컴플레인 종류도 각양각색이다. 말투가 기분 나쁘다는 소리도 들어봤고, 서버의 억양으로도 트집이 잡힌다. 그냥 생긴 게 싫다고 말하는 손님까지 있으니, 이렇게 우리의 자존감을 갉아먹히다 보면 어느 순간 열등감밖에 안 남는 상황이 오기도 한다.

컴플레인 대처법을 교육하는 게 사실 가장 어렵다. 나는 컴플레인 대응 매뉴얼 같은 건 만들 수 없다고 생각한다. 손님이 얼마나 기분 나쁜지를 수치로 파악할 수도 없고, 우리가 얼마나 잘못했는지도 너무 상대적인지라 숫자로 나타낼 수 없기 때문이다.

예를 들자면, 컴플레인 중에는 음식에서 머리카락이 나왔다는 게 가장 많다. 물론 안 나오게 하는 것이 가장 좋지만, 모자나 헤어캡을 쓰는 등 별짓을 다해도 확률만 줄어들 뿐 언제든 한 올씩은 나올 수밖에 없다. 아마 전 직원 삭발에 제모를 강행하더라도 머리카락은 여전히 출몰할 거다.

머리카락을 발견한 손님의 반응은 제각각이다. 안 보이게 슬쩍 냅킨에 감추고 아무 말 없이 넘어가는 이가 있는가 하면, 노발대발하면서 분노를 폭발시키는 사람도 있다. 후자는 돈을 받고 안 받고의 수준을 훌쩍 뛰어넘으니, 이렇게 큰 진폭을 평균화할 수도 없는 노릇이다.

대부분의 해결방안은 '사과'라고 한다. '일단 사과부터 하라.'

그런데 그렇게 한다고 해도 쉽게 해결되지 않는 게 컴플레인이다. 그래서 나는 조금 다른 방법을 제안하고 싶다.

컴플레인을 제기한 손님이 바라는 건 사과인 것 같지만, 그전에 먼저 선행돼야 하는 것이 있다. '공감.' 아마 대부분의 손님들 스스로도 알아차리지 못했던 부분일 것이다.

죄송하다는 말을 하기 전에 손님의 이야기를 들어주어야 하고, 기분 나빴다는 그 감정에 공감해주어야 한다. 머리카락이 나왔다고 하면 솔직하게 잘못을 시인하고 어떤 경위로 그렇게 되었는지 설명한 후, 손님이 느낀 그 감정에 '기분 나쁘셨을 텐데 정말 죄송하다'고 사과해야 한다.

하지만 보통은 이렇게 대처한다.

"저기요, 여기 머리카락이 나왔는데요."

"죄송합니다. 바꿔드리겠습니다(혹은 음식값을 받지 않겠습니다)."

손님은 깨끗한 음식을 먹을 수는 있겠지만 감정은 말끔하게 해소되지 않는다.

그래서 나는 이렇게 말한다.

"주방에서는 다 모자를 쓰고 있는데, 그래도 어쩌다 옷에 붙어 있는 머리카락이 떨어지기도 하는 것 같습니다. 환절기라 이모님들 머리카락이 자주 빠져서 더 철저하게 관리한다고 했는데도 이렇게 되었네요. 저라도 정말 기분 나빴을 것 같아요. 정말 죄송합니다. 이런 일이 일어나지 않도록 조치를 취하겠습니다. 손님 기분이 상하셨을 테니 저희가 꼭 만회하고 싶은데, 어떻게 해드리는 게 좋을까요?"

이렇게 양해를 구하면 대부분

"그 정도까진 아니고요, 다음부턴 조심해주세요."

하며 해결되는 경우가 대부분이다.

해결책은 보통 손님이 제시한다. 대부분은 그냥 됐다고 하는데, 이 경우 '우리도 자존심이 있다'고 서비스라도 제공해주면 분위기는 화기애애하게 흘러간다.

종종 너무 기분이 나쁘다며 돈을 내지 않겠다고 하거나 다른 서비스를 요구하는 사람도 있긴 하지만, 어쨌든 우리가 할 일은 잘못을 시인한 후 손님의 감정에 사과하는 것이다. 해결책은 손님에게 맡기는 편이 가장 좋다.

감정에 공감(사과)해줄 때에는 '고도공감'이 효과적이다.

만약 손님이 레벨 3 정도로 화가 났다면 레벨 4 정도로 공감해주는 게 좋다는 뜻이다. 억양과 표정, 말투 등을 통해서 손님의 불만보다 한층 강하게 사과를 표현한다면 보통 "그 정도까진 아니고요…"라는 반응을 보인다. 하지만 사과가 충분하지 못하다고 여긴 손님들은 뭐가 됐건 집요하게 요구하므로 처음부터 제대로 된 공감을 할 필요가 있다.

그리고 대부분 1차 컴플레인이 해결하기 가장 쉬운 시기인데, 보통은 알바생이 대응하는 경우가 많다. 하지만 대개 알바생은 컴플레인을 들으려 하지 않고 '잠시만요~' 하며 그 자리를 회피하곤 한다. 그사이 손님의 감정은 더욱 격해질 확률이 높으니 알바생에게 컴플레인 대처 교육을 해주면 훨씬 좋다.

그리고 우리의 자존감을 위해서 하나 더.

사과는 알바생이 하는 게 아니다. 관리자가 하는 것도 아니다. 머리카락이 알바생 것도 아닐 텐데 왜 머리 숙여 사과를 하는가(이게 알바님들의 마음이다).

그러므로 최전방에 있을 그들에게 무조건 감정적 굴욕을 강요할 게 아니라, 손님에게 상황을 전달하는 메신저가 되도록 이끌어주는 게 효과적이다. '주방이나 매장 상황 때문에 그렇게 된 것 같은데 매장을 대표해서 제가 사과하겠다'라고 대응할 수 있다면 알바생의 자존감 또한 지켜줄 수 있지 않을까.

최전방에 있는 사람들을 지켜주려 노력할 때, 그들도 매장을 위해 적극적으로 컴플레인 해결에 나설 것이다.

일관되게
그러나 유연하게

16번째 매장을 오픈하며 돌이켜보건대, 그간 완벽한 기획은 단 한 번도 없었다. 완벽하게 준비했다고 생각할수록 치명적인 오류가 생겼다. 오히려 여백을 적절하게 두는 것이 실력이었다.

7~8번째 매장을 오픈할 즈음에는 설계부터 촘촘하게 했다. 1mm의 오차도 없이 말이다. 그런데도 오픈하고 나면 매장마다 다른 특수성 때문에 꼭 새로운 문제가 생겼다. 그건 문을 열고 직접 부딪쳐 본 뒤에야 알 수 있는 것들이어서 도저히 미리 알고 대비할 수가 없었다. 그래서 어느 시점부터는 꼭 필요한 것만 채워 넣고 나머지는 적절하게 비워뒀다. 사용자의 쓰임에 맞게 말이다.

또 다른 중요 포인트는 손님의 반응이었다. 기획보다 더 중요한 건 손님의 마음을 얼마나 읽어내느냐다. 양이 많은지 적은지, 간이 싱

첫 번째 생각, 손님을 대하는 마음

거운지 짠지, 무엇 하나라도 아쉬워하는 게 있는지 유심히 살펴야
한다. 손님들의 반응을 보고 빠르게 수정하거나, 그게 어렵다면 설
득이라도 하려고 했다. 우리가 무슨 의도로 그렇게 했는지 납득하고
나면 오히려 열성팬이 되어주는 경우가 많았다.

　손님의 반응을 읽는 것, 그리고 손님과 페이스를 맞추는 방법은
닭갈비집을 열면서 배웠다. 신사동 일도씨곱창을 운영할 때, 점심에
는 유독 손님이 없었다. 내가 미처 읽지 못한 행간은 점심부터 곱창
을 먹는 사람은 많지 않다는 사실이었다. 그래서 고민 끝에 탄생시
킨 메뉴가 일도씨닭갈비였다.

　당시 나는 몹시 짜게 먹는 편이었고 일도씨닭갈비 손님들에게도
그것을 강제했다. 너무 짜다면 밥과 같이 드시면 된다고, 이런 주인
장이 싫으면 오지 않아도 된다고까지 말했다. 짠 게 맛없을 수 없었
으니 결국엔 히트로 이어졌다. 그렇게 일도씨곱창의 런치메뉴였던
일도씨닭갈비는 방배동에 독립하여 오픈하게 되었다.

　신사동에서 그랬듯이 방배동에서도 짠맛을 강제하려 했다. 그러
나 방배동 고객들은 완강하게 거부했다. 직원들이 못 해내기에 내가
직접 길들여보겠다고 했지만 끝내 실패했다. 거부반응이 심상치 않
았다. 결국 염도를 낮추는 쪽으로 타협을 봤다.

　그다음은 미아점이었다. 한 차례 시행착오를 겪은 터라 이번에는
짠맛을 강제하지 않고 방배동에서 맞춰놓은 염도를 적용했다. 그랬

더니 이번에는 도로 싱거워서 아쉽다는 것이다. 어느 장단에 춤을 춰야 하는 건가 싶었다. 늘 같은 맛과 일관성을 유지하는 것만 중요한 줄 알았는데, 유연성 또한 필요했다.

지역마다, 상권마다, 타깃 연령층마다 추구하는 간이 다르다. 직장인들은 좀 더 자극적인 맛을 원하고 나이가 있는 주부들은 건강한 맛을 선호했다. 늘 똑같은 맛을 내는 게 미덕이라고 생각했는데, '관리'에 대한 개념을 바꾼 후로는 좀 더 편해졌다.

첫 번째 생각, 손님을 대하는 마음

더 싸게?
더 값어치 있게!

10년 전부터 우리 집 앞 김밥가게에서 팔던 1500원짜리 김밥은 오늘도 1500원이다. 그동안 식자재와 인건비만 두 배 넘게 올랐는데도 가격을 올리지 못했다. 식자재 값은 어려운 농가소득을 보전하기 위해 정부가 나서서 방어해주지만, 외식업에는 그런 방패가 없다.

물론 1500원짜리 김밥은 미끼상품이지만, 김밥값을 올리지 못하니 다른 메뉴 가격도 올리지 못해 옛날과 비슷한 수준에 머물러 있다.

값을 올리지 않는 걸 손님들이 고마워하며 먹기만 해도 그 맛에 장사할 텐데, 오히려 당연하게 여기는 경우가 태반이다. 아니, 그 정도를 넘어 싸구려 김밥을 먹는다며 스스로 비참해하는 사람들도 많다. '이런 거나 먹어야 하는 내 처지가 참…' 하는 식이다.

김밥가게뿐 아니라 많은 대중음식점들의 사정이 이렇다.

특히 요즘은 장사를 제대로 해보지도 않은 사람들이 어쭙잖게 컨설팅을 한다며 손님들에게 퍼줄 것을 강요하고 있다. 더 싸게, 더 많이, 더 맛있게!

뻔하고 당연한 소리를 돈 받고 하는 사람들이 있다는 게 신기하다.

누가 더 싸게, 더 많이, 더 맛있게 음식을 팔고 싶지 않을까? 문제는 그렇게 할수록 장사하는 사람은 허리띠를 졸라매야 한다는 것이다. 남는 게 없으니 직원들에게 뭔가 해줄 만한 여유도 없고 시설이나 기술에 투자할 수도 없어서 시간이 지날수록 미래가 불투명해질 게 불 보듯 뻔하다.

손님 입장에서는 달가운 이야기가 아닐 수도 있지만, 결국 업주가 많이 남겨야 직원들에게 돌아갈 몫이 조금이라도 더 늘어나고 손님들이 받을 제품의 질도 올라간다(그건 손님이 알 바가 아니라고 할 수도 있겠지만).

나는 가격과 양을 논하기 이전에, 손님에게 어떤 가치를 줄 것인가에 집중해야 한다고 생각한다.

'더 싸게'가 아니라 '더 값어치 있게',

'많은 양'을 떠나 '많은 가치'를 주는 게 중요하다.

흡족한 대접을 해준다면 기꺼이 합당한 돈을 지불하겠다는 손님은 세상에 많다. 그러니 허리띠를 졸라매는 박리다매만 좇을 것이 아니라, 더 가치 있는 음식을 만들어 제공하고 제값을 받는 쪽으로 방향을 잡아야 하지 않을까. 많이 남겨서 많이 나누고 손님들에게 더 좋은 것을 제공하는 '선순환'을 만들 수 있다면 좋겠다.

박리다매가 정답?
시대는 변한다

시대가 변하면 내가 절대적으로 옳다고 생각했던 것도 바꿔야 했다. 가령 예전에는 박리다매로 팔면서 회전율을 높이는 게 수익을 올리는 가장 좋은 방법이라 믿었지만, 이제는 변화할 시점이 되었다고 생각한다. 물론 더 적은 인원으로 최대의 매출을 뽑아 많은 이윤을 내야 한다는 명제는 예나 지금이나 바뀌지 않았다. 박리다매는 그 명제를 역으로 거스르며 목표를 달성하는 절묘한 공식이었지만, 그것도 이제는 예전 같지 않고 점점 힘들어 보인다.

소비 패턴은 가성비 중심에서 가치 중심으로 변하고 있다. 물론 여전히 가성비에 목매는 고객들이 있고 연령이 낮을수록 더욱 그런 경향이 있지만, 전체적인 비율은 점점 줄고 있다.

무조건 싸고 양 많은 게 최고이던 시대에서 '적절한' 가격에 고품

질을 뽑아내는 것이 진짜 가성비인 시대가 되었다. 이제야 가성비가 본래 뜻 그대로 자리매김한 것이다.

사실 나는 어느 장단에 맞추어 춤을 출지 아직 확실히 정하지 못했다. 늘 한발 정도 앞서 걷는 것을 중요하게 여겼는데, 테이블 단가를 올려야 하는 시점에 접어들고 보니 조금 망설여진다.

지금까지 나의 장사구조는 테이블을 몇 회전 돌리느냐에 초점을 맞추고 있었지만, 이제 회전수는 줄이되 테이블당 매출을 높이는 전략으로 바꾸려고 한다. 이 방법을 쓰면 직원들도 덜 힘들고 인원도 많이 필요하지 않다. 가격은 좀 올라가겠지만, 그만큼 만족도를 끌어올릴 자신이 있다면 결국은 그 방법을 택할 것 같다.

그래서 사소한 것에
목숨을 건다

　모두들 큰 그림을 보라고 하지만, 장사를 하려면 사소한 것에도 목숨 걸어야 한다.

　염도 0.1%의 차이를 발견했다면 그 오차를 줄여 일정한 맛을 유지해야 하고, 싱겁게 먹는 손님과 짜게 먹는 손님을 구분해서 원하는 맛에 가깝게 맞춰줄 수도 있어야 한다. 가게 문을 열고 들어오는 순간의 온도와 습도는 어떤지 민감하게 체크해야 하고, 비 오는 날과 맑은 날 매장에서 어떤 음악을 들려줄지, 볼륨은 어느 정도로 할지 고민해야 한다. 식기세척기로 씻은 숟가락과 젓가락에 물 자국이 남지 않게 해야 하고, 혹여나 물컵과 앞접시에 고춧가루가 남아 있지는 않은지 매의 눈으로 살펴야 한다. 매일 직원의 목소리 톤을 듣고 안 좋은 일이 있는지 감지하고, 그 감정기복이 서비스 퀄리티에 어떤 영향을 미치는지 잡아내야 한다. 손님의 표정을 살피면서 옳게 가고 있는지 혹은 모자란 부분은 없는지 체크하고, 창문에 미세하게 차오른 습기를 보고 혹시 환기시설에 문제가 있는 건 아닌지도 알 수 있어야 한다.

대부분의 손님들은 눈치 못 챌 법한 사소한 것들이지만, 거기에 목숨 걸었을 때 손님들은 '또 와야지'라는 마음을 품는다. 반대로 이 사소한 사항이 제대로 지켜지지 않는다면 우리 가게는 아무도 모르는 사이에 손님들의 기억에서 사라질 것이다.

대부분의 손님은 눈치 못 챌 법한 사소한 것들이지만,
거기에 목숨 걸었을 때 손님들은 '또 와야지'라는 마음을 품는다.

적절함에 대하어

    우리 직원들 중에는 자기 매장을 준비하는 이들이 꽤 많다. 얼마나 준비했는지는 내게 밝히지 않지만, 나는 그들에게 늘 권한다. 일도씨패밀리에 있는 동안 그 자원을 최대한 활용하라고 말이다. 특히 나의 외식업 노하우를 가져가라고, 직원으로 있는 동안은 무료로 컨설팅해줄 테니 언제든 질문하라고 한다. 그래서 직원들은 평소에 질문을 적어두곤 하는데, 정작 내 얼굴을 보고 물어보려면 생각이 안 날 때가 많기 때문이란다.

    그렇게 모인 질문은 굉장히 귀한 것들인데, 추려보자면 다음과 같다.

    우선 상권을 볼 때는 뭘 봐야 하는지, 어떤 매장을 좋은 자리라고 생각하는지, 무엇을 보고 결정하는지 묻는다. 또 컨셉을 어떻게 잡는지, 메뉴를 먼저 선정하고 컨셉을 잡는지 아니면 컨셉을 먼저 정하고 메뉴를 만들어내는지를 물어보기도 한다.

어떤 장사를 하든 가게를 오픈하기 전에 반드시 해결해야 하지만 정작 아무도 알려주지는 않는 것들이다.

이 모든 질문에 대한 대답에는 똑같은 단어가 꼭 붙는다. 바로 '적절함'이다.

상권을 정할 때에는 적절한 상권을 본다. 자리는 적절한 자리가 좋다. 너무 뻔한 소리 같지만 풀어보자면 이렇다.

대한민국에서 가장 좋은 상권을 들라면 광화문이나 명동, 홍대와 강남 등이 꼽힌다. 하지만 그 상권에 들어간 모든 매장이 잘되는 것은 아니다. 아이템이, 메뉴가, 브랜드가 해당 상권에 적절하지 않다면 당연히 장사가 안 된다.

배달치킨은 핫플레이스보다는 아파트 밀집지역이 더 적절하다. 망리단길이나 송리단길 골목골목에는 프랜차이즈 브랜드보다 컨셉이 독특한 개인매장을 내야 한다.

우리 집 앞에는 와인과 함께 스테이크를 먹을 수 있는 근사한 레스토랑보다는 소주 한 잔 하기 좋은 삼겹살집이나 편안한 국숫집이 더 적절할 수 있다.

김밥집의 라면은 또 어떤가. 24시간 우린 육수에 생면을 쓴 건강한 라면보다 그냥 신라면을 끓여 내오는 게 훨씬 어울린다.

매장이 대박나기 위한 필수조건 중 하나가 바로 이 '적절함'이다.

첫 번째 생각, 손님을 대하는 마음

적절한 상권의 적절한 자리에서 적절한 아이템이 적절한 분위기 속에 적절한 가격으로 팔릴 때, 말하자면 모든 적절함이 갖춰졌을 때에야 엄청난 대박을 칠 수 있다. 너무 부족해도 안 되고 너무 과해도 안 된다.

우리는 바로 이 적절함을 공부해야 한다.

초보자들이 많이 하는 실수 중 하나는, 칼국숫집이나 족발집을 오픈할 때 나름대로 열심히 공부한다면서 홍대의 멋들어진 카페 인테리어를 벤치마킹하는 것이다. 메뉴판이나 간판도 마찬가지다.

음식과 어울리지 않는 분위기는 곧 외면당하게 되어 있다. 각각의 요소가 적절하게 어우러졌을 때 맛도 예쁘고 디자인도 맛있다.

모든 것에서 적절함을 찾아야 한다. 부족하지도 않고 과하지도 않을 것, 장사뿐 아니라 인생에서도 늘 명심해야 하는 중요한 포인트다.

우리 가게가
대박집이라고?

첫 가게를 연 지 얼마 안 되던 때, 손님이 없어서 매출 성적표도 월 1000만 원이 채 안 되는 수준이었다. 1년을 넘길 즈음에야 월 2400만 원을 달성했고 중간중간 3000만 원 정도의 매출을 올리기도 했지만 여전히 남는 것은 별로 없었다. 언제나 '어떻게 하면 매출을 더 올릴 수 있을까' 하는 고민이 떠나지 않았다.

그러던 어느 날, 매장에 변화를 주고 싶어서 신용보증재단에 대출 상담을 받으러 갔고, 당연히 "매출이 얼마나 되나요?"라는 질문을 받았다. 나는 늘 허덕이는 성적표를 선뜻 밝히기 부끄러워 기어들어가는 목소리로 "월 2400만 원입니다"라고 말했다.

하지만 뜻밖에도 상담해주던 직원 분은 "대박집이네요!"라고 반색하며, 원하는 금액보다 더 많이 대출받게끔 해주겠다고 했다. '우리가 대박집?' 직원 분의 말에 당황하지 않을 수 없었다.

적정매출.

대박집을 정하는 매출 기준은 무엇이고, 매장을 운영하는 데 필요한 적정매출은 어느 정도일까?

나는 적정매출을 정한 적이 없었다. 그도 그럴 것이, 장사는 처음이라 적정매출을 정해야 한다는 것도 알지 못했고 어느 정도가 적정매출인지, 어떻게 산정해야 하는지도 몰랐다. 자연스럽게 주변 외식업 선배들이나 사례들을 수집해서 기준을 잡았고, 그들에 비해 햇병아리였던 나는 당연히 내 매출도 창피한 수준이라 생각했던 것이다.

장사를 하는 본질적인 이유 중 하나는 돈을 벌기 위해서다. 매출을 올리는 게 아니라 '수익'을 내는 게 목적이어야 한다는 뜻이다. 그런데 그때의 나를 비롯한 많은 자영업자들이 이 부분을 간과하곤 한다.

2000만 원 매출을 올려서 200만 원을 남기든, 2억 원 매출을 올려서 200만 원을 남기든 결과는 똑같다는 이야기다. 그러니 얼마를 팔았는지보다는 얼마를 남겼는지가 더 바른 질문이다.

그래서 시작할 때 얼마만큼의 적정매출을 올려서 이윤을 얼마 남기겠다는 기준을 정해놓는 게 중요하다. 그 기준을 정할 때에는 절대로 '황새'를 좇아선 안 된다. 자기 매장의 입지, 크기, 월세, 사람

수, 장사방법을 고려해 자신에게 맞는 기준을 정해야 한다.

언젠가 아는 후배가 매장 오픈을 준비할 때 잠깐 봐준 적이 있다. 내가 볼 때에는 월매출 3000만 원도 힘들 것 같았는데 1억 5000만 원 매출을 예상하고 있었다. 고민 끝에 나는 솔직하게 조언했다.

"3000만 원을 목표로 잡고 세팅하는 거랑 1억 5000만 원 매출을 목표로 세팅하는 건 차이가 커. 적정 직원 수도 다르고 동선이나 메뉴 스타일도 다 달라야 하거든. 3000만 원을 목표로 세팅해서 매출을 5000만 원 올리면 수익이 2000만 원 정도 나지만, 1억 5000만 원 매출을 목표로 잡았는데 똑같이 5000만 원 매출을 올리면 적자가 나는 거야."

하지만 그 후배는 내 말을 듣지 않고 그대로 매장을 오픈했고, 적자가 쌓였을 뿐 아니라 직원들도 잃고 심한 스트레스에 시달리게 되었다.

장사하는 사람들에게 매출은 '자존심'이다. 하지만 결코 현혹되어선 안 될 요소이기도 하다.

스스로에게 맞는 기준점이 중요하다. 뱁새라면 뱁새에게 적절한 기준점을 잡고, 남들을 의식하기보다는 자신의 길을 갈 수 있어야 한다.

그렇다면 적정매출은 어떻게 계산할까? 다음의 두 가지 방법을 사용해보자.

첫째, '임대료×10'을 월매출로 잡는다.

임대료가 100만 원이라면 1000만 원 정도가 적정매출일 확률이 높다.

임대료는 그 입지의 가능성을 수치로 나타낸 것이기도 하다. 100만 원이라면 100만 원의 값어치, 1000만 원이라면 1000만 원 값어치를 하는 경우가 많다.

둘째, '직원 총 급여×4'를 월매출로 잡는다.

직원이 한 명이고 급여가 250만 원이라면 1000만 원 정도가 적정매출이다.

일반적으로

임대료를 매출의 10~15%

인건비를 매출의 20~25%

식재료비를 매출의 25~35%

전기·수도·가스 같은 공과금을 매출의 4~7%로 잡는다.

그리고 여기에 포함되지 않은 기타 잡비와 부가세, 감가상각비도 계산해야 한다.

그런 것들이 다 빠지고 남은 금액이 이윤인데, 요새는 10~15% 선이다.

그중 임대료나 인건비는 고정적이어서, 더 많이 팔면 그만큼 이윤이 남게 해주는 비용이기도 하다. 임대료 100만 원일 때 매출이 1000만 원이면 임대료가 매출의 10%지만, 같은 가게에서 매출이 2000만 원이면 임대료는 매출의 5%가 되고 나머지 5%는 이윤으로 남는 것이다. 인건비도 비슷하다. 물론 바빠지면 직원이 더 투입되어야 하지만, 인건비 역시 매출이 올라가면 상대적으로 매출에서 차지하는 비율이 낮아져서 이윤이 올라간다.

매출을 높이려고 하는 이유는 이런 고정비용에서 발생한다.

숫자놀음을 자유자재로 할 수 있게 되면 그때부터는 전략적으로 응용할 수 있다.

예를 들어 '셀프서비스'를 도입해서 인건비 비중을 낮추고, 그렇게 낮춘 숫자를 식재료비에 넣으면 무한리필 가게나 뷔페 운영에 적합한 구조가 된다. 식재료비 비율을 높이면 그만큼 가성비가 좋다는 인상을 줄 수 있어서 만족도가 높아지기 때문에, 서비스를 일정 부분 포기하고도 고객만족을 줄 수 있다.

박리다매도 여기에 해당한다. 많이 팔아서 매출을 높이면 임대료와 인건비 비중이 상대적으로 낮아지면서 선순환되는 구조를 만들 수 있기 때문에 자주 쓰이는 전략이다. 물론 앞에서 언급했듯이 예전처럼 효과적인 방법인지는 다시 생각해봐야겠지만 말이다.

흡수율은
높아지지 않는다

열심히 다이어트를 하고 있다. 최근에는 효과를 봐서 15킬로그램을 감량했다.

이번 다이어트가 처음은 아니다. 그전까지 수많은 다이어트를 시도해봤는데, 요즘 유행하는 간헐적 단식부터 완전 단식, 그리고 한 가지 음식만 먹는 원푸드 다이어트까지 안 해본 게 없다. '요요'를 만나기 전까지는 매번 성공적이었다. 결국 실패했단 이야기다.

그러다 보니 다이어트를 시도할 때마다 많은 고민과 연구를 거듭해 논문을 써도 될 수준에 이르렀는데, 그중 가장 흥미롭게 관찰하고 있는 부분은 '흡수율'이다.

물을 많이 섭취해야 한다는 말에 생수통을 들고 다니면서 매일같이 3리터 넘는 물을 마셨던 적이 있다. 그런데 체성분 검사를 해보니 오히려 체수분이 빠져 있다는 이야기를 듣고 그만 힘까지 빠지고 말았다. 몸에 물을 그렇게 들이부었는데 하나도 흡수를 못하고 다 배출해버린 것이다. 게다가 단백질도 부족해서 근육량도 줄었다고 하니, 운동한 게 말짱 도루묵인가 싶어졌다.

우리 몸에 변수가 많다고는 하지만, 영양이라는 건 생각보다 정직하다. 공식을 제대로 대입하지 못하면 나머지는 다 오답처리되고 만다.

결국 몸이 물을 흡수할 수 있도록 식단을 다시 맞춰야 했다. 퍽퍽한 닭가슴살을 아무리 목이 메도록 먹어도 흡수시키지 못하면 아무 소용이 없다. 가장 먼저 이 사실을 알아야 한다.

흡수율은 감정에도 적용되는 것 같다. 감정타격이 올 때, 제아무리 강단 있다 해도 '일정량'만 받아들일 수 있다. 좋은 소식도 내가 감당할 수 있을 만큼만 기쁘고, 나쁜 소식도 감당할 수 있을 만큼만 나쁘다.

잘해주고 싶어서 식사를 대접할 때도 한 끼에 수십만 원짜리 밥을 사면 오히려 부담만 줄 수 있고, 선물을 하더라도 갑자기 몇 백만 원짜리 명품을 준다면 기쁜 마음 이전에 과하다는 느낌을 받게 한다. 제대로 흡수하지 못하는 것이다.

고가의 선물보다는 여러 번의 작은 배려가, 비싸고 화려하지 않더라도 정감 있는 식사 여러 번이 관계를 더욱 돈독하게 만든다.

나도 한 번에 길게 통화하면서 만리장성을 쌓기보단, 가끔씩 안부 전화를 하면서 가까워지는 걸 좋아한다. 그래서 일할 때에도 이 방식이 잘 맞는다.

처음 우리 식당을 찾은 손님을 완벽하게 감동시키는 건 무리다. 아무리 예쁜 그릇과 음식을 제공하더라도 받는 순간 잠시 기쁠 뿐 먹는 내내 행복할 수는 없다. 그래서 나는 음식 하나 내주고 끝내는 게 아니라 음식이 나온 후에도 꾸준히 챙겨주는 방식으로 감동을 이끌어내려고 노력한다. 모자란 부분은 없는지, 불편한 점은 없는지. 어려운 일만은 아니다. 앞접시 한 번 바꿔주고 모자란 반찬을 알아서 채워주는 것만으로도 유효타가 쌓인다. 그렇게 쌓인 유효타가 끝끝내 감동의 문을 열어 단골이 되게끔 만든다.

인건비가 높아지면서 최대한 서비스를 줄이는 게 외식업의 추세가 됐다. 무인결제 시스템을 쓰려고 하고 셀프서비스도 도입한다. 하지만 '웰컴'조차 없어지는 모습을 보면 씁쓸함을 감출 수가 없다. 손님과 마주할 기회를 한 번이라도 더 늘려서 감동을 줄 확률을 높여야 하는데, 이런 식으로 과연 얼마나 지속될 수 있을지 걱정이다.

흡수율을 기억하자. 몸도 마음도 사람이 한 번에 받아들일 수 있는 흡수율은 몹시 낮다. 꾸준히 지속적으로 채워주는 수밖에 없다. 일상에서도, 일에서도 말이다.

트렌드를 알면
오래 살아남을까?

어떤 가게가 오래 살아남을까?

가성비 좋은 식당일까? 아니면 가심비 좋은 식당일까?

데이터가 궁극적으로 말하고자 하는 바는 무엇일까?

《트렌드 코리아》가 언급하기 훨씬 전부터 대중의 소비패턴에는 이미 가성비와 가심비가 자리 잡고 있었다. 데이터로 보여주고 언급한 후에 비로소 의식되기 시작했을 뿐이다.

그렇다면 내가 먼저 트렌드를 읽고 거기에 맞춰 소비자를 맞이할 준비를 해야 할까? 매년 소비패턴과 데이터를 분석하는 것도 쉽지 않은 일이고, 자칫 앞서가는 건 꿈도 못 꾼 채 트렌드만 쫓아다니다 가는 제풀에 지쳐 나가 떨어질 수도 있다.

데이터는 접어두자. 어차피 담아내지 못할 거라면 쓸데없이 방대한 정보들도 차라리 외면해버리자. 그럴 시간에 '사람'에 관심을 기울여보자. 나는 어떤 소비패턴을 가지고 있는지, 어떤 마음으로 소비하는지, 그리고 내 주위 사람들은 어떻게 살아가고 있는지.

손님들은 어떤 마음으로 우리 식당을 방문했는지, 그들이 좋아하는 것은 무엇인지, 어떤 포인트 때문에 다시 오고 싶어 하고 어떤 점을 불편해하는지.

나와 주위 사람들, 그리고 나의 고객들이 진심으로 원하는 것이 무엇인지, 그 마음을 들여다볼 수 있다면 데이터는 더 이상 필요하지 않다.

'트렌드'는 공부하는 게 아니다. 데이터는 '수집'에 불과할 뿐이고 온도감을 제대로 담아내지도 못한다. 글이나 그래프로 세상을 분석하기 이전에 사람의 마음을 읽자. 그거면 된다.

그래서 어떤 가게가 오래 살아남느냐고?

당연히 손님의 마음에 남는 가게가 오래 살아남는다.

가성비? 가심비? 그런 거 신경 끄고 손님들 마음속으로 풍덩 뛰어들자.

.

손님을 붙잡는 것은
현수막이 아니다

일반적으로 멀쩡한 식당 하나 차리는 데 들어가는 비용은 평균 2억~3억 원이다. 동네 골목의 작은 백반집 정도는 2000만~3000만 원으로도 차릴 수 있지만, 시내 적당한 위치의 멀쩡한 건물에 들어가려면 2억~3억 원으로도 빠듯한 경우가 많다.

보증금만 해도 5000만 원에서 1억 원은 준비해야 하는데, 좋은 자리는 권리금만 2억~3억 원씩 들어가기도 하니 목 좋고 권리금도 없는 자리를 찾기란 여간 힘든 일이 아니다. 가게는 아직 시작도 안 했고 계약서만 썼는데 이미 전 재산을 날린 느낌이다.

매장 크기에 따라 다르지만 인테리어를 만족할 만한 수준으로 하려면 이 또한 억 단위를 생각해야 한다. 인테리어가 끝나고 수백만 원짜리 간판이 달릴 즈음이면 처음 예산에 비해 놀랍도록 높아진

청구서가 간담을 서늘하게 한다.

주방기물도 냉장고와 작업대, 그리고 화구 몇 개에 선반만 주문해도 1000만 원은 우습게 넘어간다. 이쯤 되면 고민을 해야 한다. 주방기물과 조리도구에서 돈을 아껴야 할 수도 있기 때문이다. 하지만 주방에서 직접 쓰는 물건이다 보니 욕심을 내려놓기 어렵다. 그러다 그릇을 고를 때쯤엔 과하게 초과된 예산 때문에 결국 타협을 하는 곳들이 보인다. '그깟 돈 몇 푼이나 차이 난다고 싸구려를 쓰냐'는 사람들은 그 마음을 모른다. 이미 좋은 식기류를 사용할 여유가 없는 상황인 것이다.

그래서 초보자들이 오픈한 매장에 가보면 돈을 써야 할 곳에는 궁색하게 굴고 굳이 돈 들이지 않아도 될 만한 곳에 과하게 투자한 경우가 많다.

비용을 쓸 때도 기준이 있어야 한다. 가장 먼저, 직원이나 손님의 안전에는 돈을 아끼지 말아야 한다. 또 직원 동선에도 돈을 좀 쓰면 하루에 수백 수천 걸음을 아낄 수 있는데, 그 비용을 아까워하다 장기적으로 큰 손실을 보곤 한다.

특히 공을 많이 들여야 하는 포인트는 손님의 시선이 오래 머무르는 곳이다. 손님이 되어 앉아보고 시뮬레이션을 해봐야 한다. 특히 테이블이나 메뉴판, 숟가락과 젓가락, 물컵 등은 손님과 직접 닿는 것이니 촉감도 고려하는 게 좋다.

사전에 수없이 스케치하고 지우고
다시 덧붙이고 또 비우는 과정을 거친 후,
최종적으로 남은 두어 가지만 가지고 간다.
그것만 빛내면 된다.

이스트빌리지서울을 오픈할 때에는 전체적인 분위기가 무난하게
느껴지게끔 했다. 공간에서 무언가를 어필하기보다는 따뜻한 느낌,
머물고 싶은 느낌 정도면 충분하다고 생각했다. 다만 손님이 테이블
에 앉았을 때는 임팩트를 주고 싶었다. 그래서 테이블에 비치한 메
뉴판에 공을 들였다. 말하자면 어수선하게 이곳저곳으로 시선을 분

첫 번째 생각, 손님을 대하는 마음

산시키기보단 우리가 앉은 자리에서 우리가 무엇을 말하고자 하는지를 짧은 시간에 어필하고자 했다.

일도씨찜닭은 식사 전에 제공하는 아뮤즈부쉬에 공을 들였다. 서양 레스토랑에서나 볼 법한 아뮤즈부쉬를 찜닭집에서 낸다니 의아해하는 사람들도 있었다. 하지만 우리 식당의 컨셉은 찜닭을 프렌치하게 표현하는 것이었기 때문에, 인테리어뿐 아니라 음식에서도 그 느낌을 온전히 나타내려면 꼭 필요한 요소라고 보았다.

찜닭 조리법은 파스타 만드는 방식과 접목했는데, 미리 해놓는 전통방식 찜닭과 달리 주문과 동시에 만들어낼 수 있는 최적의 방식이라 생각했기 때문이다. 그런데 찜닭이 조리되는 15분 동안 손님들을 마냥 기다리게 할 수 없어서 애피타이저처럼 아뮤즈부쉬를 내놓은 것인데, 결과적으로 손님들이 가장 좋아하는 요소가 되었다.

지나가는 사람들의 시선을 빼앗고 발길을 멈추게 하는 건 구구절절 늘어놓은 스토리도 아니고 만물을 펼쳐놓은 공간도 아니다. 찰나에 어필할 수 있는 한두 가지 '핵심요소'다, 시선을 어지럽히는 현란한 현수막보다는 묵직하고 짧은 메시지가 더 효과적일 수 있다.

그러기 위해서는 욕심을 버려야 한다. 사전에 수없이 스케치하고 지우고 다시 덧붙이고 또 비우는 과정을 거친 후, 최종적으로 남은 두어 가지만 가지고 가는 것이다. 그 두어 가지만 빛내면 된다. 다른 요소들은 오히려 방해만 될 뿐이라는 사실을 명심해야 한다.

잊히는 순간
망한다

장사가 안 되던 어느 날이었다. 비가 오는 것도 아니었고, 날씨가 궂은 것도 아니었다. 도저히 날씨 핑계를 댈 수가 없어서 주변 가게는 어떤가 하고 밖으로 나가보았다. 거리에는 평소처럼 사람이 어느 정도 있었고, 주변 가게들도 평균은 하고 있는데 유난히 우리 가게에만 손님이 적었다. 그렇게 동네를 한 바퀴 돌다가 한동안 오지 않던 단골손님과 마주쳤다.

"어, 오랜만이에요!"

"네, 사장님, 정말 오랜만이네요~"

"요즘엔 왜 이렇게 우리 가게에 안 왔어요?"

"바쁘기도 했는데, 사실 까먹고 있었어요. 사장님 보니까 다시 생각나네요. 조만간 먹으러 갈게요."

이 말은 이후 내가 음식장사를 할 때 가장 중요하게 고려하는 요소가 되었다. 장사가 안 되는 이유는 뭘까? 맛이 없어서일까? 불친절하거나 청결하지 못해서? 물론 모두 맞는 말일 수 있지만 가장 큰 이유는 '잊혀서'다. 우리 가게는 외진 곳에 있었다. 지나가다 눈에 띄어 들어오는 게 아니라 일부러 찾아와야 하는 가게였다. 그러다 보니 잊히는 순간 끝일 수밖에 없었다.

지금 당장 머릿속으로 내가 정말 좋아하는 최고의 맛집 10곳만 떠올려보자. 1분 안에 다 기억해낼 수 있을까? 아마 쉽지 않을 것이다. 정말 그렇다. 따로 리스트를 정리해둔 사람이 아니면 대부분 잊었다가 어느 날 어떤 계기로 다시 떠올리게 된다.

사흘 전에 무엇을 먹었는지도 가물가물한 게 사람이다. 2~3년 전에 먹었던 것 같긴 한데 맛있었는지 어땠는지 기억 못하는 경우도 많다. 그래서 다시 방문하고 "아, 맞다, 이 맛이다. 내가 좋아했지~"라며 다시 떠올리는 경우도 있고 "그때도 맛없어서 안 온다고 했는데 먹다 보니 기억나네" 하기도 한다.

그 후로 나는 손님의 기억에 뭐든 하나라도 남겨주고자 노력했다. 연관된 단어를 얹어서 우회적으로라도 기억하게끔 해주고 싶었다. 일도씨곱창을 기억 못하는 사람에게는 서빙하면서 '곱창 아티스트'라는 칭호를 어필했다. 곱창을 예술로 하는 사람이라고.

일도씨닭갈비를 만들 때에도 그랬다. 모든 닭갈비집에서 으레 나오는 김치와 동치미, 상추와 마늘쌈장을 싹 빼버리고 피클, 코울슬로, 수프를 주는 이유도 거기에 있었다. 그게 좋든 싫든 밀어붙였다. 한 번 경험한 사람들은 욕을 하든 칭찬을 하든 닭갈비라는 단어를 들으면 '수프를 주는 닭갈비집'이라며 일도씨닭갈비를 언급하지 않을 수 없게끔 만들었다. 일부 매장에선 와인을 식전주로 제공했다. 강렬한 경험은 입소문으로 이어졌다.

일도씨찜닭에서는 아뮤즈부쉬뿐 아니라 '아란치니'도 제공했다. 아란치니는 말하자면 이탈리안 주먹밥 튀김인데, 이걸 찜닭의 짭쪼름한 국물에 넣어 부숴서 먹게끔 했다. 다른 가게에서 찜닭을 먹으려 하다가도 이게 없는 게 아쉬워서 결국 우리 가게를 찾아오도록 만들고 싶었다.

지갑정리를 하다가 생각나게 하고 싶어서 명함 한 장이라도 손님 지갑에 끼워넣으려고 멘트 한 번을 더 했고, 사진 한 장이라도 찍어주면서 어느 날 회상하다가 다시 찾아오게 되기를 바랐다.

완벽할 수는 없다. 음식에서 머리카락이 나오지 않으리라는 보장도 없고, 평범한 멘트에 민감하게 불쾌해할 손님들도 있을 것이다. 맛이란 게 몹시 주관적이어서 100명 모두 '대박!'을 외치게 할 수는 더더욱 없다. 그럼에도 마지막에는 '그래도 좋았어'라는 말을 듣기 위해 노력한다. 맛이 안 되면 서비스라도 기억에 남기려고 한다.

모든 비즈니스는 잊히는 순간 망한다. 손님의 기억에 남고자 노력해야 한다. '브랜딩'이라는 과정을 통해 손님들의 마음속에 우리 로고를 새겨야 하는 것이다.

가성비란,
평범한 이들을 위한 작은 사치

일도씨패밀리의 성공 요인은 어디에 있을까?

사업을 펼쳐가며 나는 늘 나의 핵심경쟁력이 무엇인지 고민했다. 맞다 싶은 것들도 틀리기 일쑤였고, 아니다 싶었던 게 정답이어서 어리둥절했던 적도 있었다. 함부로 단정하는 건 위험했다.

외식업에 뛰어든 지 어느덧 10년 가까이 되었다. 내가 시작할 때에 비해 지금의 외식업 환경은 많이 바뀌어 있다. 특히 정보 공개가 너무하다 싶을 만큼 잘되어 있는데, 이 정보들은 숨은 고수들을 발굴해주기도 하고 거품을 만천하에 공개해버리기도 한다.

내가 느낀 큰 변화 중 하나는 어떤 의미로든 '거물'들의 영향력이 더 커졌다는 것이다. 어떤 브랜드는 큰돈 안 되는 손님들은 버리고 VIP를 환대하는 전략으로 유명세를 타기도 했다. 일반 손님들이 꽤 씁쓸해하고 비난해도 어차피 그 목소리는 거물급의 한마디에 묻힌다는 걸 얄밉게도 잘 간파했기 때문이다.

반대로 나는 멍청하리만큼 그런 것을 활용할 줄 몰랐다. 시장에서 장사하는 엄마를 보며 자란 사람인지라 내가 생각한 손님들도 처음부터 시장에 오는 일반 손님들이었다.

어릴 적, 한 번은 엄마가 나를 소갈빗집에 데려가 원 없이 먹여준 적이 있다. 그때 나는 소갈비 8인분에 된장찌개와 돌솥비빔밥, 냉면까지 시켜서 다 긁어먹었는데 식사를 마치고 나서야 엄마는 거의 먹지 않았다는 걸 알았다. 물론 그때 엄마의 마음은 시간이 한참 지난 뒤에야 깨닫게 됐지만.

엄마 가게 손님 중에도 그런 사람들이 많았다. 가족끼리 왔지만 엄마들은 잘 먹지 않았다. 계산할 때 주머니에서 꼬깃꼬깃 꺼낸 돈의 모양새를 보면 그 이유를 짐작할 수 있었다. 엄마는 아이들 먹는 걸 바라보며 애잔한 미소를 지었고, 아빠는 밖에 나가서 담배를 피웠다.

내가 가성비를 중요시하게 된 건 그런 이유 때문이었다. 아이들이 가장 좋아하는 건 가족끼리 외식하는 순간인데, 없는 살림이라 늘 돈이 걸림돌이 되었으니까.

나는 그들에게도 '작은 사치'를 누리게 해주고 싶었다. 가격은 합리적이고 양은 넉넉하고, 그러면서도 대접받는 기분을 느끼게 해주고 싶었다. 그 마음을 알아본 손님들은 우리 손을 꼭 부여잡고 고맙다는 인사를 전하곤 했다.

그런 마음을 거물급들에게까지 전하기는 내겐 참 어렵다. 그래서 VIP 환대를 포기하고 일반 손님에게 더 힘을 쏟았다. 다시 돌아간다 해도 나는 같은 선택을 했을 것이다. 빅마우스들에게 잘 보여 더 평탄하게 갈 수도 있겠지만 이 업계의 누군가는 평범한 사람들에게 특별함을 선물해줄 필요가 있다고 생각했다.

오늘도 가게 문을 열면서 어떤 가족이 올지 상상한다. 맛있게 먹는 아이들을 보며 엄마도 아빠도 마음의 짐을 조금이나마 덜고 밝게 웃을 수 있다면 좋겠다.

잘되는 가게에는
온기가 있다

   내 첫 매장에서 나는 '색온도'를 배웠다.

   그 매장은 천장이 검은색이어서 아무리 전구를 많이 달아도 눈만 부시고 어두침침한 느낌이 가시지 않았다. 그게 너무 마음에 안 들어서 별짓을 다해본 끝에 두 가지 교훈을 얻었다.

   첫 번째는 '흰색 조명'과 '전구색 조명'을 명확히 알고 활용해야 한다는 것이다.

   흰색 조명은 굉장히 사실적인 반면 몹시 차가운 느낌을 주고, 전구색 조명은 따뜻한 느낌을 주는 대신 사실적이지 않다.

   좀 더 쉽게 이야기를 풀어보자면, 흰색 조명으로 음식이 나가면 마치 '쌩얼'의 모공을 하나하나 드러내는 것과 같은 반면 전구색 조명에서는 대부분 감춰진다.

첫 번째 생각, 손님을 대하는 마음

매장에 적용해보자면, 주방에서는 흰색 조명을 써서 음식의 컬러 감을 보고 혹시 있을 오류도 바로잡는 게 좋다. 반대로 홀에서는 전구색 조명을 써서 손님들에게 따뜻한 분위기를 전하는 것이 너무 적나라한 것보다 낫다.

두 번째는 확산광과 집중광이 다르다는 것이었다. 조금 어려운 용어이긴 하지만 알아두면 좋다. 우리가 흔히 알고 있는 형광등은 확산광이고, 무대에서 내리쬐는 조명은 집중광이다.

형광등은 조명 자체가 빛을 내서 주변을 환하게 만드는데, 천장이 검은색인 경우에는 반사가 되지 않는다. 결국 빛이 아래까지 내려오지 못해서 눈만 부시고 공간은 여전히 어두침침하다. 내 첫 매장처럼 말이다.

천장이 어두울 경우에는 펜던트 조명을 내려서 밝히거나 스포트라이트 조명을 써야 한다.

스포트라이트 조명과 따뜻한 전구색. 내가 외식업 전반에 걸쳐서 중요하게 여겼던 부분이다. 지나가던 사람도 매장의 따뜻한 느낌에 끌려서 들어오게끔 하는 유혹의 기술이니, 그 어떤 배너나 간판보다 중요할 수밖에 없다. 나아가 매장 안에 있는 손님들에게도 먹는 내내 포근함을 느끼게끔 하니 말이다.

매장 수가 늘어가면서 나는 그것을 '온기'라고 부르기 시작했다. 잘되는 가게에는 온기가 있었다. 그것만 잡아줘도 신기하게 매출이 올라갔다.

그런데 색온도를 아무리 잡아도 안 되는 매장이 있었다. 처음엔 색온도와 광량이 적절하지 않아서라고 생각해 집착에 가까울 정도로 수정을 거듭했다. 이 정도면 따뜻한 느낌이 날 법한데도 도무지 온기가 느껴지지 않았다.

하지만 시간이 지나면서 깨달았다. 온기는 과학적인 색온도 혹은 광량으로 채우거나 돈으로 만드는 게 아니라 주인장에게서 뿜어져 나와야 했던 것이다. 주인장의 온기가 매장 식구들에게 전해지고, 뒤이어 손님들에게도 전해지면서 매장에는 보이지 않는 따뜻함이 자리 잡게 된다.

문제의 매장은 물리적으로 거리가 멀어서 내가 운영을 일일이 신경 쓰기에는 애초에 조금 벅찬 감이 있었다. 그런데 나는 '시스템'만 갖춰지면 운영은 알아서 잘될 거라고 생각했다. 하필 기존 직원들 없이 처음부터 새로운 직원들로만 세팅하기도 했다. 말하자면 일도 씨패밀리가 품고 있던 따뜻함이 유독 부족했던 것이다. 우리에게 그런 따뜻함이 있었는지 나조차 알지 못했기에 했던 실수다.

'오토'로 돌아가는 매장과 따뜻한 사장님이 늘 신경 쓰는 매장은 다를 수밖에 없다. 사장이 매장에 있고 없고가 아니라 '마음'의 문제다.

잘되는 가게에는 공통점이 있다.

따뜻함을 넘어선 포근함, 그것은 주인장으로부터 나온 '온기'다.

주인장의 온기가 매장 식구들에게 전해지고
손님들에게도 전해지면서
매장에는 보이지 않는 따뜻함이 자리 잡게 된다.

〔사장의 메모〕

외식업에서 음식을 잘하는 것보다 더 중요한 것은 그 음식을 잘 아는 것이다. 적어도 자신이 취급하는 음식에 관해서는 누구보다 잘 알아야 최고가 될 수 있다.

잘 안다는 것에도 다양한 방법과 유형이 있다. 식재료나 조리법, 먹는 법에 관해 많은 정보를 수집할 수도 있고, 심도 있게 고민하면서 가치관을 형성할 수도 있다.

첫 번째 생각, 손님을 대하는 마음

사소해 보이는 작은 세면대에서도 좋은 서비스란 무엇일까. 좋은 디자인이란 무엇일까에 대한 답을 얻을 수 있다.

필요하다고 생각하는 것이 바로 앞에 딱딱 놓여 있다면 손님은 서비스도 디자인도 제대로 구현되고 있다고 느낄 것이다.

손을 씻으며 비누를 찾는다. 그런데 멀리 떨어져 있을 때가 많아서, 비누를 집느라 손에 묻은 물을 뚝뚝 흘리곤 한다. 타월도 저만치 있다. 아마도 미관상 그게 보기 좋다고 판단했기 때문이겠지.

하지만 찾던 비누가 세면대 바로 앞에 있고 타월도 마치 가져다준 것처럼 내 앞에 놓여 있을 때, 나는 내가 배려받았다고 느낀다.

'그 가게는 역시 달라'라는 말은 장식의 화려함이나 고급자재에서 나오지 않는다. 작은 배려심이 만든다.

보기만 좋은 게 디자인이 아니다. 강제된 친절함만이 서비스가 아니다. 사람을 생각하는 마음, 거기에서부터 시작해야 한다.

서빙은 타이밍 싸움, 즉 '누가 갑을 잡느냐'다. 직원들은 손님에게 인사를 하고, 자리를 안내해주고, 메뉴를 설명하거나 추천해주고, 음식을 가져다주고, 맛있게 먹는 방법을 설명해주고(직원 꿀팁 같은 것), 반찬을 리필해준다. 계속 '해주는' 사람이다. 그러니 우리는 감사한 사람이다. 그 반대가 되는 순간, 우리는 종이 되고 만다.

고마운 사람, 고마운 존재가 될 수 있을 때 직원들에게 자존감이 찾아온다.

자동화, 자율화를 추구했다. 시스템을 갖춰서 자동으로 돌아가게 하고, 적임자에게 담당을 맡기는 경영자가 되고자 했다.

하지만 나의 외식업은 아직 내 손으로 구석구석 터치하는 게 맞는 것 같다. 현장에서 직원들과 더 많이 만나고 직접 소통하며, 손님들의 표정을 눈으로 확인하고 싶다. 아직은 그럴 때라고 생각한다.

같은 것을 보더라도 어느 위치냐에 따라 보이는 풍경이 완전히 달라진다. 높은 곳에 올라 전체를 한눈에 보는 것도 중요하지만 현장감도 그 못지않게 중요하다.

미용실에 갈 때면 원장님이 해준 서비스와 알바가 맡았을 때의 서비스가 크게 차이 나는 것을 느낄 수 있다. 하지만 장사할 때는 그런 모습을 손님에게 보여서는 안 된다. 누가 하든 에이스처럼, 프로페셔널하게, 오늘 나를 만난 걸 행운으로 여기게 하겠다는 마음가짐으로 손님을 대하자.

누구에게나 소비의 욕구가 있다. 가성비, 가심비 같은 건 따지지 않고 그냥 돈 쓰고 싶은 날이 있다. 목적 없이 쇼핑하다가 뭐라도 하나 질러버리는 소비욕구 같은 것이다. 백화점의 많은 브랜드들은 그런 욕구를 잘 겨냥한다.

외식업에서도 그런 심리를 잘 이해할 필요가 있다.

손님의 마음을 얻는 마케팅은 인플루언서 전략도 아니고, 1+1 할인 이벤트도 아니다. 우리 가게를 찾아주는 손님을 향한 진심, 그 진심은 그냥 느껴지게 되어 있다.

사람을 본다. 한국이든 외국이든, 내가 여행을 다니고 식당을 다니며 결국 보는 것은 사람이다.

아침 일찍 일어나서 카메라를 들고 나가 출근하는 사람들의 표정과 발걸음에 드러난 솔직한 마음들을 읽으려 애쓴다.

식당이나 카페에서도 음식의 맛이나 레시피보다는 먹는 사람들과 일하는 사람들의 표정과 태도를 본다. 맛도 인테리어도 시스템도 결국엔 사람의 마음을 읽지 못하면 무의미하다.

나는 그곳에서 출근하는 사람이 되어보기도 하고, 손님이 되어보기도 하고, 서버가 되어보기도 한다.

외식업도 결국엔 사람 일이다.

먹는 사람의 마음, 일하는 사람의 마음, 그 사람들의 마음을 공부해야 한다. 그 과정에서 나의 마음도 마주보아야 한다.

그게 내가 여행을 하고, 먹고, 사진을 찍는 이유다.

직원과
나아가는
마음

성공하는 조직은 주인공이 많은 조직이라고 생각한다.
설거지하는 이모도, 서빙하는 알바도, 배송 오는 거래처 사장님도
자기 덕에 이 가게가 잘 돌아가고 있다고 느낄 때 조직에 활력이 넘친다.
사명감이란 건 그런 사소한 마음에서부터 시작된다.

내 마음이
부끄러웠던 순간

양쪽 매장에 대기줄이 길게 늘어섰다. 아케이드 복도의 반 이상을 차지하고 있어 통행에 방해가 될 정도였다. 지나가는 사람들에게 미안하기도 했지만 동시에 가슴 가득 뿌듯함이 차올랐다. 내가 해냈다! 한 개의 매장을 성공시키는 건 할 만하지만, 매장 두 개를 동시에 잘되게 하기는 쉽지 않다. 나는 그런 도전을 해보고 싶었다.

매장을 오픈하고 줄이 길어지자 비아냥거리는 사람들도 생겼다. '오픈빨'이라며 곧 사그라질 거라고들 했다. 우리가 무너지는 모습을 기대하는 사람들. 솔직히 겁이 났다. 그 말처럼 금방 시들어버릴까 봐 대놓고 기뻐하지도 못했다. 그래서 더 이 악물고 열심히 했는지도 모르겠다.

시간이 흘러 '오픈빨 먹히는 시기'가 지난 후에도 매장의 대기행

두 번째 생각, 직원과 나아가는 마음

렬은 여전히 이어졌다. 오히려 처음보다 더 많아졌고 대기줄이 생기는 시간대도 넓어졌다. 밥보다 커피 마시는 시간에 더 많이 투자하는 직장인 상권 매장인데도 1시간 넘게 대기열이 끊기지 않다니, 자부심을 가져도 될 것 같았다.

이대로 멈춰두고 싶었다. 줄도 늘어서고 매출도 충분히 오르니까, 특별한 변수 없이 이대로만 유지해줬으면 하는 마음이었다.

그러다 문득,

온 마음과 온 힘을 다해 열심히 해주는 직원들의 모습이 눈에 들어왔다. 단박에 내 마음이 부끄러워지고 말았다. 내가 그들에게 해주는 게 급여뿐인 현실이 싫어졌다. 이곳에 있는 동안 더 배울 수 있는 기회, 성장할 수 있는 기회, 그것도 아니라면 자부심을 가질 기회라도 주고 싶었다.

나도 좀 더 마음을 다해보려고 한다. 지금보다 세심한 터치로 메뉴와 서비스의 퀄리티가 훨씬 높아질 수 있도록, 그래서 손님들이 더 만족하고 직원들에게 마음으로 고마워할 수 있도록 만들어보고 싶다. 손님들의 감사에 뿌듯해할 직원들의 모습이 나를 가슴 뛰게 한다.

이곳에 있는 동안 더 배울 수 있는 기회,
성장할 수 있는 기회,
그것도 아니라면
자부심을 가질 기회라도 주고 싶었다.

오픈 날 매장에
가지 않는 이유

　일도씨닭갈비 방배점을 오픈하던 날이 기억난다.

　처음으로 제대로 인테리어를 했고 간판도 비싼 걸로 제작했다. 로고도 제값 주고 디자이너에게 맡겨서 간판에 얹었다. 물론 눈에 보이는 데에만 힘 준 것은 아니었다. 내 목표는 한 번도 본 적 없고 당연히 해본 적도 없는 독특한 컨셉을 구현하는 것이었는데, 바로 '닭갈비집에 레스토랑 요소 접목하기'였다. 피클과 코울슬로, 그리고 데일리수프와 샐러드까지 닭갈비와 어우러지게 만들어내야 했다.

　이전에는 원래 있던 가게들을 살짝 손보면서 오픈했기 때문에, 무에서 유를 만들어내는 작업은 방배점이 사실상 처음이었다. 나도 어설프고 당연히 우리 직원들도 어설퍼서 가게가 만들어지는 과정도 참 어설펐다. 게다가 처음 해보는 '기획'이었기 때문에 뭐 하나 생각대로 맞아떨어지는 것도 없었고, 내 머릿속에 있는 것을 직원들과 공유하는 능력도 현저히 떨어졌다. 머릿속엔 근사한 무언가가 엄청나게 많았는데 나는 혼자 허공에서 허우적거리고 있었고, 직원들이 할 수 있는 거라곤 내 모습을 한심하게 바라보는 것뿐 아니었을까(모르긴 몰라도 분명 한심하게 보고 있었을 것이다).

그나마 직원들은 사장이 돈키호테마냥 몽상가에 가까운 인간이라는 걸 알고 있었고 또 현실적이었기 때문에, 이렇게 구경만 하다가는 죽도 밥도 안 된다는 걸 일찌감치 깨닫고 뭐라도 하고 있었다. 그거라도 없었다면 분명 아무것도 진행되지 않았을 것이다.

그렇게 우여곡절 끝에 오픈 날이 되었다.

(나의 잘못으로) 간판 공사가 오픈 날 점심시간에 진행되는 바람에 손님들은 공사 중인 가게에서 식사하는 희귀한 경험을 하게 되었다. 당연히 (나의 잘못으로) 메뉴판도 제대로 갖추지 못해 급한 대로 A4용지에 출력해서 손님들에게 내주었다. 코팅도 못 했다. 안 그래도 괴짜 같은 기획에 그마저 모두에게 제대로 설명하지도 못했는데, 하필 오픈빨로 손님들이 줄줄이 들어오고 있었다. 난장판이 따로 없었다.

뭐가 안 되어 있고, 뭐가 부족하고, 뭐가 없고… 나는 이래저래 씩씩거리고 돌아다녔다. 결국 이건 안 되겠다 싶어 오는 손님들께 양해를 구하고 매장 문을 잠시 닫았다. 오후에 다시 영업을 재개하겠노라 선언했으니 빠르게 재정비를 해야 했다.

씩씩거리며 점검하던 나를 점장이 잠깐 할 말이 있다며 밖으로 불러냈다. 그러더니 나더러 어디 잠시 가 있으라고 부탁하는 것이다. 내가? 이 중요한 날? 그것도 이 난장판을 내버려두고? 말도 안 된다는 표정을 읽었는지 점장이 다시 입을 열었다.

"안 그래도 모두 긴장하고 있습니다. 엉망인 것도 알고 어설프다는 것도 알지만 우리 모두가 처음입니다. 어차피 겪어야 할 난장판인데, 사장님도 처음이라 해결사가 될 수 없습니다. 난장판을 수습해야 하는 건 직원들인데, 사장님 눈치 볼 걱정까지 해야 한다면 그나마 보잘것없는 실력도 제대로 발휘할 수 없을 것 같습니다."

직원들의 입에서 단내가 나던 게 생각났다. 분명 내 입에서도 그 못지않게 냄새가 났을 테지, 다들 긴장하고 속이 타들어가서 잠도 못 자고 밥도 제대로 못 먹었을 테니까.

한심했다. 어차피 슈퍼맨처럼 혼자서 해내지도 못할 상황이었는데 안절부절못하느라 '팀워크'는 안중에도 없었던 것이다. 어쩌면 생각해본 적도 없었던 것 같다.

그들이 잘할 수 있도록 배려했어야 했다. 처음엔 누구나 긴장하고 어설프고 버벅거린다고, 욕도 먹을 수 있다고 진정시켜주는 역할을 했어야 했다.

커피와 껌을 사다놓고는 기쁜 마음으로 자리를 떠났다. 걸어서 7분 거리인 카페에서 소식을 기다렸다. "우리가 해냈어요!"라는 말을 간절히 기다렸고, 끝내 그 말을 들을 수 있었다. 그 후로 매장을 오픈하는 날엔 항상 자리를 비운다. 대신 언제든 지원 나갈 수 있는 거리에서 기다린다. 그들을 주인공으로 만드는 게 나의 역할이라고 되뇌고 또 되뇌면서.

아주 나중에 들은 이야기지만, 그날 우리 직원들은 손님들에게 하루 종일 욕을 먹었다고 한다. 어떻게 알았냐고? 욕했던 그 손님들이 다시 찾아와서 말씀해주시기도 했고, 한 직원이 뒷이야기처럼 솔직하게 고백해주기도 했다.

직원들은 욕먹을 것도 처음부터 알고 있었다고 한다. 하지만 사장님 앞에서 그러긴 싫었고 그렇다고 사장님이 욕을 먹는 건 더 싫었다고 했다. 어쨌든 직원들은 결국 오픈을 해냈고, 그 후로 '오픈 전문가'가 되어 오픈 때마다 능숙하게 실력을 발휘했다. 물론 욕도 안 먹고 말이다. 나보다 더 잘하는 사람들이 내 곁에 있을 때, 비로소 장사도 '사업'이 될 수 있는 게 아닌가 싶다.

채용할 때부터
완벽한 사람은 없다

학교 다닐 때 경영에서 가장 중요한 것은 '인사'라고 배웠다. 인사가 만사라고, 사람을 잘 쓰는 것이 경영의 핵심이라고 말이다.

그중에서도 신경 써야 할 부분은 채용이라고들 한다. 처음부터 잘 뽑아야 한다는 것이다. 그런 류의 이야기들을 머릿속에 정리해두고 공부를 마쳤다.

공부한 걸 처음으로 적용해볼 기회는 '엄마 가게'였다. 엄마의 가게에는 오랫동안 함께 일해온 이모들이 있었고, 인사관리 조직관리할 것 없이 알아서 잘 돌아가고 있었다. 나는 카운터에서 매니저 역할을 잠시 맡았는데, 일에 적응되니 전체적인 그림이 눈에 들어오기 시작했다.

다소 부진한 이모님이 두 분 계셨는데, 불친절하고 무뚝뚝해서 불쾌해하는 손님들도 종종 있었다. 아무리 친절을 강조하고 교육해도 이모는 나아지지 않았다. 처음에는 대체 왜 저러나 싶었지만, 겪어보니 이모는 평생 친절한 대접을 받아본 적 없이 치열하게 살아온 탓이란 걸 알게 되었다. 다들 무뚝뚝하다고 했지만, 이모들은 자기가 할 수 있는 최선을 다했던 것이다.

하지만 컴플레인은 컴플레인이었고 운영은 운영이었다. 결국 나는 두 이모를 '교체'해야 한다는 결론을 내렸고 엄마에게 진지하게 건의했다. 하지만 엄마는 그러지 않았다. 내 이론에 반박한 것도 아니었는데 받아들이지도 않는 모습을 보며 나는 참 답답했다.

그 후로도 엄마는 내가 공부한 것들을 가게에 적용해보려고 할 때마다 번번이 막으셨다. 나는 직원들에 대한 '평가'와 '보상' 등으로 인사관리를 하려고 했고 역할분담이나 분업을 통해 시스템도 개선하고 싶었는데, 결국 구상만으로 끝났다. 조직관리도 당연히 실현하지 못했다. 그냥 그 사람들이 하는 대로 내버려두라는 이해 못할 답변에 나는 끝내 엄마 가게와 결별을 선언했다.

'경영'을 제대로 한다면 달라질 텐데. 떠나면서도 못내 아쉬웠던 나는 엄마와 이모들에게 진짜 경영을 보여주고 싶었고, 그 포부를 담아 내 가게를 열었다.

그리고 매장을 오픈하고 나서야 새로운 사실을 깨달을 수 있었다.

도무지 사람이 구해지질 않는 것이다. 누구라도 구해져야 '채용이 가장 중요하다'는 말이라도 할 텐데, 구인광고를 내놔도 전화 한 통오지 않았다. 사람 한 명이 아쉬운 상황이어서 손님에게 일해볼 생각 없느냐며 채용하는 경우가 더 많을 지경이었다. 참 아이러니했다.

사람은 잘 구해지지 않았다. 그러다 보니 제대로 된 사람을 골라 뽑는 게 아니라 두 손 두 발이 있기만 하면 뽑았다. 아니, 그때는 일하겠다는 말만 했으면 누가 되었든 뽑았을 것이다.

어쩌다 면접을 보면 대부분 '아니올시다' 싶은 사람들뿐이었다. 그런데도 사람이 오는 것만으로도 반가워서 이게 웬 떡이냐 싶은 마음으로 채용했다. 특히 알코올중독자 주방이모님이 기억난다. 어느 날부터인가 가게에 매일 소주 3병씩 비었다. 가게 문을 내가 열고 닫았으니 누군가 몰래 훔쳐갈 기회는 없었고, 영업 중에 누군가 마시고 있다는 결론이 나왔다. 그렇다면 누가? 다들 멀쩡해 보였는데, 유독 주방이모에게 의심이 갔다. 시험해보기로 한 나는 마감에 가까운 밤에 사과를 깎아달라고 부탁했다. 그런데 이모가 칼을 들고는 손을 덜덜 떠는 게 아닌가. 이미 3병을 마신 상태라 칼질이 불가능했던 것이다. 이모는 반찬도 잘하고 인성도 좋고 일도 잘하는데 술을 안 마시면 못 견뎌서 물 대신 술을 벌컥벌컥 계속 마셔야 한다고 했다. 하지만 칼을 만지고 불을 다뤄야 하는 주방인지라 어쩔 수 없이 퇴직을 시켰다.

직원들 돈을 잔뜩 빌려놓고 잠수 탄 사람도 있었다. 채용해서 같이 일하고 있었는데 알고 보니 죄를 지은 사람이라 연행되는 장면을 목격한 적도 있다.

어쩔 수가 없었다. 지금 당장 사람 손 하나가 간절했다. '채용이 가장 중요하다'는 것은 지원자가 몹시 많은 대기업에서나 할 수 있는 말이었고, 그게 아니면 채용도 제대로 해본 적 없는 글쟁이들이나 하는 말인 게 분명했다.

나는 머릿속에 정리해놓았던 지식을 다 끄집어내서 재정립했다. 어떤 사람을 채용할 것인가도 중요하지만, 어떻게 양성할 것인가가 더 중요하다고 말이다. 나는 어차피 누구라도 채용해야 하는 상황이었으니, 누가 채용되더라도 우리 가게에서 일하면 잘할 수 있게끔 만드는 게 최선이다.

심각한 결격사유가 아니라면 어떻게 살아왔는지 캐묻지 않았고, 알았다 하더라도 신경 쓰지 않았다. 서로를 존중하고, 함께 일하는 사람들과 끈끈해지고, 그 분위기가 자연스럽게 손님에게 전해지면 그걸로 된다고 생각했다. 친절해본 적 없어도 우리가 하는 대로 똑같이 따라 하면 된다고 이끌어줬고, 덕분에 다른 곳에서는 일도 잘 못하고 불친절하다는 평가를 받았던 사람들도 우리 가게에서 일할 때에는 완전히 다른 사람이 되었다. 심지어 우리 가게 에이스가 되기도 했다.

지금은 인식이 좀 나아졌지만, 불과 몇 년 전만 하더라도 식당에서 일하는 사람들을 보는 사회의 시선은 '무능하고 게으른 사람'이었다. 분하지만, 실제 그런 면이 없지 않았던 것도 사실이다. 제대로 배운 것도 없고, 기술도 없고, 그렇다고 '노가다' 하기도 싫은 사람들이 식당에 들어온다. 할 줄 아는 게 없어도 서빙이나 설거지 정도야 하겠지 싶은 마음으로. 일에 대한 개념도 없고, 자부심이나 자존감은커녕 열등감 가득한 사람들이 적지 않았다. 물론 개중에는 프로의식 철저한 사람들도 있었지만 전반적으로 보면 그랬다.

나는 이런 사람들을 이끌고 가야 했다. 처음에는 손과 발만 있으면 함께할 수 있다며 각오를 다져야 했다. 그런데 자세히 보니 생각보다 괜찮은 면이 많았다. 물론 단점도 있었지만 살릴 수 있는 장점도 많았고, 거기에 주력하는 게 내 역할이었다. 배울 기회가 없었고 무얼 배워야 할지도 몰랐던 사람들, 뚜렷한 미래를 그려준 멘토가 없었고 기회를 부여받은 적도 없어서 그렇게 살아왔던 사람들이었기 때문이다.

내가 그렇게 믿기 시작하자 사람들이 정말 그렇게 바뀌기 시작했다. 자신들이 두각을 나타낼 수 있다는 사실을 깨닫자 몰라보게 변했다. 어떤 면에선 나보다 월등히 뛰어난 사람들이었다.

나는 그때 확신했다. 채용보다 중요한 건 양성이다. 누굴 뽑더라도 잘할 수 있게 만드는 조직문화와 교육시스템을 갖추는 게 채용시스템을 갖추는 것보다 중요하다.

이 세상 누구도 완벽하지 않다. 함께 일해보지 않는 이상 우리가 원하는 사람은 단번에 찾기 어렵다. 채용 초반에는 훌륭했지만 시간이 지나면서 흐트러지는 사람들이 너무 많기도 하고 말이다.

어떤 사람을 뽑아야 하는지 고민하는 것도 좋지만, 어떤 사람을 뽑으면 안 되는지에 대한 가이드라인을 채용기준으로 삼아볼 수도 있다. 그 최소조건만 맞는다면 뽑아서 직원으로 잘 다듬어볼 것을 강력하게 추천한다.

성장에 필요한 근육

엄마는 뭐든지 다 해줬다. 나는 귀여운(!) 막내였고, 보호해줘야할 것 같은 안쓰러운 캐릭터였다. 어릴 적에 할머니 댁과 큰아버지댁, 고모 댁에 얹혀 살며 배운 거라곤 눈칫밥 먹는 법뿐이어서 젓가락질도 누나가 다 가르쳐줬다. 젓가락질 못하면 다른 사람들이 가정교육 못 받았다고 부모 욕을 하니 욕되게 하지 말라며 꼭 배우게 했던 기억이 난다.

엄마가 뭐든지 다 해주시니 난 할 줄 아는 게 없었다. 비빔밥도 고추장을 얼마나 넣어 비비는지, 어떻게 비벼야 할지 몰라서 친구에게부탁하곤 했고, 스무 살이 넘어서도 신발끈을 못 묶어서 아예 끈 없는 신발을 사서 신었다. 엄마의 영향력은 내게 그만큼 지대했다.

그러다 고등학교 졸업과 동시에 나는 중국 유학길에 올랐고, 무엇이든 혼자 해내야 하는 두렵고도 설레는 날이 시작되었다.

학교를 가지 않아도 잔소리하는 사람이 없었다. 학교 다니는 내내 깨워서 밥 먹이고 옷 입히고 등 떠밀어 등교시켰던 엄마가 없으니 일어나는 것부터 스스로 해내야 했다. 아침밥을 알아서 챙겨먹을 리는 당연히 없었고 맨날 빨래가 밀려 꼬질꼬질한 옷을 입고 다녔다. 지각과 결석을 밥 먹듯 했고, 해 뜰 무렵 잠들고 해가 중천에 떠서야 일어나는 엉망진창인 생활이 반복되었다.

아, 나 혼자서는 먹고 자고 입는 것조차 제대로 해내기 힘들구나.

게다가 엄마는 생활비도 남들과는 다른 방식으로 주셨다. 다른 유학생들은 모두 한 달에 30만 원이든 50만 원이든 매달 정해진 금액을 받아서 썼는데 엄마는 500만 원을 한 번에 입금하고는 다 쓰면 말하라고 했다. 처음엔 든든했지만, 다른 친구들은 일찌감치 탕진해도 일주일 정도만 버티면 다시 돈이 생기는데 나는 큰돈을 운용하는 방법도 몰랐고 기간도 정해져 있지 않아 언제 다시 달라고 하든 눈치가 보였다. 1년은 써야 하는데, 두 달 만에 탕진해서 말을 해야 하나 말아야 하나 한참 고민이 됐다.

그런데 그런 방식으로 3년 정도 보내자 자기결정권이 생기기 시작했다. 큰 자유를 누리려면 그에 따르는 결과도 책임지고 해결해야 한다는 무게감을 배웠고, 이것은 내게 엄청난 성장 동력이 되었다.

나는 자기결정권의 중요성을 깨달았고, 내가 감당할 수 있는 선 안에서 무슨 짓을 해도 된다는 걸 알게 되었다. 엄마에게 10만 원짜리 밥을 사먹어도 되는지 안 되는지 묻지 않고도 스스로 결정을 내렸고, 택시비가 5만 원이 나오는 구간을 타도 되는지 안 되는지 묻지 않을 수 있었다(학생에게 그런 건 어려운 것이다).

돈을 적당히 돌려 쓸 줄도 알게 되었다. 생활비의 일부를 빼서 장사도 해보았고(번 돈으로 사고 싶던 고가의 카메라를 사고, 여행도 다녔다), 여행사업도 한바탕 벌여봤다(이건 쓴맛을 봤다).

이런 과정을 거치면서 나는 일찌감치 자기결정권을 행사하는 법을 배웠고, 하고 싶은 것과 하기 싫은 걸 뜻대로 정할 수 있는 사람이 되었다.

지금 나는 가급적 사소한 것이라도 직원들에게 결정권을 주려고 한다. '일'의 상위단계로 갈수록 '결정'할 것이 많은데, 이 결정력이 없으면 늘 하위단계의 일만 해야 한다. 결정권자의 아랫사람 노릇을 벗어날 수 없다는 말이다.

나는 자기결정권이 없던 시절의 나와 그것을 배우고 난 후의 내 모습을 모두 알고 있다. 사소한 것이라도 자꾸 결정해봐야 그 근육이 커진다는 것도 안다.

틀려보고, 돌이켜보고 곱씹어보고, 문제가 생겨서 구멍이 뚫리면 틀어막아보기도 하면서 사람은 성장한다. 내 성장이 그랬기 때문에, 직원이나 팀원 그리고 친구나 동생에게라도 그런 기회를 주고 성장시켜야 한다고 생각한다. 그 마음을 엿본 사람들은 나를 그만큼 생각해주게 되어 있고, 설령 그렇지 않더라도 그들이 성장하는 것 자체가 내 마음을 흐뭇하게 해준다. 그 마음만으로도 내게 도움이 된다.

회사를 위해
불태우지 말라

　회사를 위해 몸 바치고 마음 바쳐 일하는 직원들이 간혹 생긴다. 옛날 같았으면 가장 애정하고 중용하면서 타의 모범이라며 본받게 했겠지만, 몇 년 전부터는 오히려 자제시킨다.

　그들은 자신을 불태워서 회사 발전의 연료로 쓰는데, 모든 것이 연소되어 끝내는 재밖에 남지 않는 모습을 많이 봤기 때문이다.

　사람은 누구나 육체적이든 정신적이든 '보상작용'을 추구하게 되어 있다. 처음에는 회사를 위해 일하다가도 환경이 조금만 바뀌면, 예컨대 기대와 다른 결과를 맞닥뜨리거나 빈정이 상하면 갑자기 손해 보는 느낌을 받는다. '내가 왜 이렇게까지 해야 하지?' 잘해오다가 급격히 삐뚤어지거나 이탈하는 직원들은 대개 이 경우에 해당한다.

　끝까지 자신을 불태워 일하는 직원이 나타나면 오너나 관리자 입장에서는 반가운 게 사실이다. 잘만 구슬리면 영혼까지 불태워줄 이 사람을 잘 이용할 수도 있다. 하지만 그렇게까지 노력해서 구슬려야 하나 싶을뿐더러, 연소된 후에는 원망의 대상이 되기 십상이니 유의해야 한다.

　나는 회사를 위해 불태우길 권하지 않는다. 불태우지 않고는 못 사는 성격이라면 뭐든 불태우긴 해야겠지만, 어디까지나 '자기 자신'을 위한 연소여야 한다.

　사람 마음은 간사하다. 시간이 지나면 회사도 그간의 수고를 잊을 수 있고, 열정을 불태우던 이도 파사삭 식어버릴 수 있다. 그런 이유 때문에라도 스스로를 위해 불태워야 회사도 자기 자신도 감정 상하는 일이 없다.

'나는
크게 될 거야'

나에게는 아주 강력한 힘을 가진 말이 있다.

'크게 될 사람.'

어릴 적, 지나가던 아저씨가 아무말대잔치처럼 던진 한마디에 나는 큰 충격(?)을 받았다(그 아저씨가 마치 무속인 같았던 것도 한몫했다). 부모님과 주위 어른들이 "나중에 돈 많이 벌겠어!", "얼굴에 복이 덕지덕지 붙어 있다"고 하는 말들이 인사치레라는 것도 모르던 때여서 나는 그 말을 예언이라고 믿었다.

그런데 아무런 근거도 없는 그 말은 꽤나 효력이 있다.

우리 매장에서 근무하는 20대 초반 알바생들을 보면 나와 비슷한 이들이 제법 있다. 밑도 끝도 없이 자신이 큰 부를 거머쥘 것이라고 굳게 믿는다. 물론 평소 행동을 보면 가능성은 희박해 보이지만,

'크게 된다'고 말만 해줘도 확실히 가능성은 높아지는 것 같다.

군이 알바생이 아니더라도, '잘할 것 같다'는 근거 없는 말은 많은 사람들에게 영향을 미친다. 손을 보니 일을 잘할 것 같다, 손이나 발이 빨라서 정말 기대되는 스타일이다, 밥을 빨리 먹는 사람이 일도 잘한다, 밥을 많이 먹는 걸 보니 일복도 많겠다, 이런 식으로 이야기하면 신기하게 정말 유효타가 된다.

터무니없는 이유를 대서라도 희망을 갖게 하는 것은 해볼 만한 일인 것 같다. 하지만 듣는 사람도 그 말이 어떤 뜻인지, 어떻게 하면 되는지 잘 새겨들어야 한다. 가만히만 있어도 모든 일이 알아서 잘 풀린다는 게 아니라, 가능성이 있으니 '노력하면' 쟁취할 수 있다는 것이다. 그러니 기왕이면 듣는 사람을 위해 이 전제조건을 반드시 붙여주자.

직원들의 보폭은
모두 다르다

　장사를 사업화하려던 초창기, 가장 어려웠던 것 하나를 꼽으라면 같은 침대에서 서로 다른 꿈을 꾸는 것, 그러니까 동상이몽이었다. 하나의 가게에서 같이 일하는데 추구하는 바가 모두 제각각이었다.

　책에서 나올 법한 위대한 기업들은 구성원 모두가 같은 가치관을 공유하면서 하나의 목표를 향해 뛰고 있었다(진짜로 그랬는지는 모르겠다). 하지만 우리 매장은 그것과는 너무 거리가 멀었다.

　나는 세계적인 외식기업을 꿈꿨다. 수많은 매장과 브랜드 그리고 계열사를 거느린 기업을 만드는 꿈이었다. 하지만 주방이모는 그것을 '개뼉다구' 같은 꿈이라 생각했다(말은 안 했지만 확실하다). 주방이모의 머릿속에는 온통 월급과 쉬는 날, 그리고 '오늘 뭐 먹지'뿐이었다.

유일하게 조금이나마 설득된 직원이 있기는 했다. 내가 하는 말이 무슨 뜻인지는 당최 모르겠지만 일단 있어 보이는 것 같고, 자기가 할 수 있는 역할이 있다면 한번 해보겠다는 정도였다. 그렇다면 일단 오른팔 당첨이고 바로 관리자로 승격이다.

알바생은? 대부분 오래 일할 수 있다며 들어왔지만 사실 이번 달 급여 받고 어떻게 자연스럽게 관둘지를 연구하며 장단을 맞춰주느라 정신이 없었다.

외식업은 그게 어려웠다. 생계형 근로자들이 많은 탓에 비전을 가지고 통일된 길로 이끌기가 힘들었다. 강하게 끌어당기면 부담스러워하며 이탈하는 사람들도 많았다.

하지만 나는 강행군을 했다. 설득하고 또 설득했다. 우리가 대단한 일을 해낼 수 있다는 꿈을 강제로라도 꾸게 했다. 적어도 꿈을 꾸는 척이라도 하게끔 만들었다. 마치 교회에서 예수님을 믿는 게 당연한 것처럼, 우리 가게에서는 엄청난 꿈을 믿고 도전하는 게 당연한 일이 되도록 했다. 그게 맞지 않다면 스스로 하차할 수밖에 없었다. 어찌 보면 그렇게 비전을 갖고 똘똘 뭉친 사람들 덕분에 일도씨가 빠르게 성장할 수 있었던 것 같다. 다시 그때로 돌아간다고 해도 아마 같은 선택을 했을 것이다.

하지만 어느 시점에서는 결국 한계를 느낄 수밖에 없었다. 가파른 성장은 곧 확장으로 이어졌고, 당연히 추가 인원이 필요했다. 그것도 아주 많이. 그러다 보니 뜻을 공유한 초기 멤버보다 두 배는 많은 사람들이 들어오게 됐는데, 그들은 '평범함'의 범주에 머물고자 했기 때문에 신념만으로는 이끌고 갈 수가 없었다. 신념이 실력이나 관리능력을 뜻하는 것도 아니었으니 어쩌면 당연한 반응이었는지도 모른다.

특히 환갑에 가까운 이모님들에게 "언젠가 우리가 세상을 뒤엎을 수도 있어!"라는 말은 결코 가슴 뛰는 이야기가 될 수 없었다. 그런 사람들의 비중이 너무 많아져버렸기 때문에, 어느덧 '우리'는 '그들'에게 '아직 어려서 세상물정 모르는 사람들'이 되었다. 사실 실제로 그렇기도 했고.

꿈꾸는 무리는 점차 평범한 무리에 섞여 희석되고 도태되어 갔다. 꿈만 꾸면 다 되는 줄 알았던 사람들부터 떨어져나갔다. 나는 그들을 지켜주지 못했다. 꿈만큼 실력을 갖췄어야 했다. 실컷 바람만 넣어놓고 아무것도 이루어주지 못한 죄책감에 한동안 큰 슬럼프를 겪었다.

돌이켜보면 답은 참 쉬운 거였는데, 그걸 못했다.

'다름' 말이다. 다른 것은 틀린 것이 아닌데 왜 나는 그 다름을 인정해주지 못했을까. 그걸 일찌감치 인정해주었다면, 서로의 다름을 이해하고 각자의 영역을 존중해줄 수 있었다면 모두를 품고 함께 갈 수 있었을 텐데 하는 아쉬움이 남는다.

당시 나는 자기 사업을 꿈꾸던 직원들을 조심스러워했다. 그들은 뭐 하나라도 배워서 나가고 싶어 했고, 나는 내 사업을 지키기 위해 감추려고 들었다. 그런 직원들 중엔 유난히 똑똑하고 가능성 있는 친구들이 많았는데 말이다.

지금은 그런 사람들이 들어오면 가급적 제대로 배워서 나가라고 권한다. 자기 장사를 하기 전에 겪어야 할 시행착오도 여기서 다 겪고, 테스트도 해보고 마치 예행연습 하듯이 일하라고 한다. 노하우만 뺏기는 것 아니냐고? 결코 아니다. 그들이 연습하는 동안 매장은 큰 이익을 본다. 함께 일하는 직원들에게도 좋은 영향을 미치고, 내가 미처 생각해보지 못한 많은 것이 개선되기도 한다. 결국 윈윈인데, 나는 당시 그걸 못했다.

반면 이모들은 월급이 중요하다. 모두가 다 그렇겠지만, 당장 10만 원만 더 있어도 그 달 쓰임새가 달라지는 사람들이기 때문에 동기부여가 정말 남다르다. 꿈 이야기 백번 하는 것보다 정말 필요한 것을 제공하는 것, 예를 들어 군대 간 아들이 휴가 나오면 함께 시간 보내라고 일찍 퇴근시켜주거나 몰래 휴무 한 번 더 챙겨주는 게 더 낫다.

외식업은 그렇게 다양한 삶이 뒤섞여 있다. 앞으로 끌고 나가려는 자는 어떻게든 모든 사람을 하나로 모아서 가고 싶겠지만 굳이 그럴 필요 없다. 외식업은 발을 모조리 하나로 묶어서 억지로 호흡을 맞춰 뛰는 경기가 아니다. 각자의 걸음과 보폭을 모두 수용해도 충분히 앞으로 나갈 수 있다.

결국 사람이다. 한 사람 한 사람이 모여서 하나가 되는 것이다. 하나의 기준, 하나의 원칙으로 끌고 가지 말고 각자의 사정과 삶을 들여다볼 수 있다면 더욱 탄탄한 조직을 만들어나갈 수 있을 것이다.

"그랬구나,
힘들었겠다"

A직원 한 명이 찾아와 B직원과 싸운 이야기를 한다. 사연을 들어보니 정말 서운하고 억울했을 법하다. 왠지 내가 해결사가 되어 잘못한 B직원을 처벌해야 할 것 같다. 그리하여 B직원과 면담을 했다. 그런데 B직원의 이야기를 듣다 보니 A직원의 잘못도 있다는 생각이 든다. 편견을 가지고 면담을 시작했지만 한쪽 말만 듣고서 곧바로 판단했다면 큰일 날 뻔했다.

가게 운영 초기에는 해결사가 되려고 했다. 그런데 그럴 때마다 자꾸 엇나가거나, 혹은 해결했다 하더라도 다른 문제가 발생하곤 했다. 매번 내가 나서서 손쓸 수도 없으니 참 환장할 노릇이었다. 그렇게 수없이 많은 갈등을 목격하면서 때론 해결하기도 하고, 해결하려다가 그르치기도 하고, 해결하지 못하기도 했는데, 경험이 쌓이고 쌓인 끝에 꽤 괜찮은 노하우가 생겼다.

결론부터 이야기하자면 내 노하우는 '해결하지 않는다'이다. 누군 가 분명히 잘못했다 하더라도 어느 편도 들어주지 않는다. 둘이 싸 운 끝에 어느 한쪽이 나가떨어지더라도 그건 내가 어떻게 할 수 있 는 영역이 아니다.

B가 나가지 않는다면 내가 나가겠다며 으름장을 놓는 A에게 나 는 '그렇다면 나가야지'라고 대답해줬다. B는 적어도 나가겠다는 말 은 하지 않았다는 이유였다. A의 무리한 요구를 한 번이라도 들어주 면 두 번 세 번 같은 패턴이 반복된다. 사람 때문에 일하고 싶고, 사 람 때문에 일하기 싫어지는 게 모두의 사정이라지만 겨우 그런 갈등 때문에 관두겠다면 앞으로 그 정도 일이 발생할 때마다 퇴사를 입 에 올릴 것 아닌가. 나는 이런 사람에게는 오히려 퇴사를 권한다. 적 어도 B는 퇴사를 고려하지는 않았으니까. 둘이 치고 받고 싸우든, 누가 옳고 그르든 '남는 사람이 내 사람'이다. 그래서 나는 갈등이 생기면 당사자 모두에게 '내가 해결해주지 않는다'는 원칙을 먼저 알린다.

B직원은 그 후로도 수없이 많은 갈등을 조장(?)했지만 계속 회사 에 남았고, 매 순간 자신을 믿어준 나를 위해 없어서는 안 될 존재가 되어주었다. 나는 B 때문에 수십 명의 직원을 내보내야 했지만, B가 회사를 위한 마음으로 까다롭게 굴었기 때문에 갈등이 일어났다는 사실도 후에 알게 되었다. 어느 정도 시간이 지나 내 마음을 알아차

린 그가 태도를 유연하게 바꿔준 건 덤이다.

여기서 중요한 점이 있다. 해결해주지 않지만 방임하지도 않는다는 사실이다. 나는 가능한 한 양쪽 입장을 들어주려 한다. 절대 해결책을 제시하지 않지만, 들어주기만 해도 저절로 해결되는 경우가 많다. 갈등은 대부분 양쪽 다 자기가 옳다고 생각해서 생기기 때문에, 각자의 이야기를 들어주면서 그 입장에 공감해주면 잘 풀린다. 힘들었겠다, 억울했겠다, 서운하겠다고 토닥이면서 A는 이런 부분이 아쉬웠을 것 같고, B는 저런 부분이 섭섭했을 것 같다고 슬쩍 이야기하는 것이다. 그리고 풀릴지 안 풀릴지는 모르겠지만 서로 허심탄회하게 마음을 터놓고 다시 한 번 대화해보라고 권한다. 대판 싸우고 안 보는 사이가 되건, 서로 이해해서 화해하건 일단 말을 해보라고 한다. 그게 끝이다. 하지만 그것만으로도 당사자들끼리 잘 해결하고 다독이곤 한다.

자신의 마음을 알아주기만 해도 해결되는 일이 많다. 어쩌면 그게 전부인지도 모르겠다.

"드릴 말씀이
있는데요"

장사를 시작하고 가장 고통스러운 것 중 하나는 '상실'이었다.

"드릴 말씀이 있습니다"라고 직원이 말할 때마다 가슴이 철렁했다. 어떤 때는 상황을 모면해보려고도 했고 외면하기도 했다.

내가 첫 번째로 잃은 사람은 '안개꽃이모'였다. 손님들에게 자신을 안개꽃이모라 부르라고 할 정도로 독보적인 캐릭터였다. 함께 일하는 게 즐거웠고 이모를 찾는 단골손님 또한 많아서 나는 손님 응대를 그 이모에게 크게 의존했다. 그래서 이모가 자신의 길을 찾아 떠난다고 했을 때, 내가 느낀 위기감은 이루 말할 수 없었다.

하지만 계속 위기감만 안고 있을 수는 없었다. 나와 직원들은 '이모가 떠나면 타격이 있을 것이다. 우리 모두 그 빈자리를 메우기 위해 더 노력해야 한다'는 마음으로 똘똘 뭉쳤고, 덕분에 훨씬 강해졌다. 그때 나는 한 사람이 절대적인 영향력을 행사하는 매장은 치명적인 손실을 입을 수 있음을 깨달았고, 다음부터는 '사람'에 지나치게 의존하는 매장은 만들지 않아야겠다고 다짐했다.

두 번째로 잃은 사람은 '막내이모'였다. 막내이모는 오픈 때부터 함께했던 사람이었는데, 말이 없고 조용조용한데도 경험이 많고 행동력이 좋았다. 손님이 들어오지 않아서 안절부절못하며 어떻게 해야 할지 몰라 헤매던 나를 며칠 지켜보다가 나가서 직접 손님을 모아오기까지 했다. 입소문이 나면 손님이 많아질 거라고 애써 진정시키는 나에게, 먹는 사람이 있어야 입소문이 날 것 아니냐며 '행동'으로 옮기는 걸 보여준 첫 번째 직원이었다. 내가 전단지 같은 건 돌리지 않겠다고 고집을 부렸을 때도, 당장 생존을 눈앞에 두고 양반 같은 소리 그만하라고 쓴소리를 아끼지 않았다.

막내이모는 유치원에 다니는 아이 때문에 늘 전전긍긍했다. 우리 매장은 이모가 아이를 낳고 첫 번째로 일한 직장이었는데 결국 아이 곁으로 돌아가야 했다. 나는 안개꽃이모 때보다 더 큰 상실감을 느꼈다. 이모가 손님들에게 미치는 영향력도 있었지만, 그것보단 내가 이모에게 의지했던 무게감 때문이었다. 나는 사장이었지만 아직 어렸고 내게 주어진 무게를 혼자 감당할 준비가 안 되어 있었다. 그래서 나보다 여러모로 어른다웠던 사람에게 꽤나 의지했던 것 같다.

세 번째로 떠나보낸 이는 주방이모였다. 앞서 말한 알코올중독자였다. 반찬을 참 맛있게 내는 사람이었지만, 퇴근시간쯤 되면 비틀

두 번째 생각. 직원과 나아가는 마음

거리면서 집에 갔다. 내 쪽에서 먼저 이별을 통보한 건 주방이모가 처음이었다.

그때 알게 된 건, 이별을 받아들이는 것만큼이나 말하는 것도 어렵다는 사실이었다. 아쉽고 서운한 감정은 마찬가지였는데, 미안한 마음까지 더해진다는 걸 그 전에는 몰랐다.

네 번째로 잃었던 사람이 나에겐 가장 가슴 아팠다. 오픈 때부터 함께한 알바생이었는데, 손님으로 왔다가 내가 먼저 제안해서 채용한 경우였다. 초보 사장님이 어설퍼서 스무 살짜리 알바생에게 지시하기도 어려워한다는 걸 알고는 내가 일을 잘 시킬 수 있도록 이끌어주었던 친구다. 자기가 쉬는 날에는 우리 가게로 약속을 잡아서 혹여 바쁘면 식사하다가도 일어나 도와주었고, 자기 알바시간이 끝나도 술 한 잔 하겠다며 매장에 남아서 마감까지 도와주고 가곤 했다. 그 아이를 잃었던 이유는 군입대 때문이었는데, 그는 입대 전날까지도 새벽까지 남아서 마감을 도와주었다.

겨우 알바생이 떠났는데, 어쩔 수 없이 그만둔 것인데도, 나는 많이 울었다. 긴 시간 동안 부정, 분노, 타협, 우울, 수용의 5단계를 거쳐 회복해야 했을 만큼 큰 슬픔이었다.

그 후로도 수많은 상실을 거쳤다. 이별의 아픔은 고용인과 피고용인의 관계에서도 다른 관계만큼이나 크게 느껴졌다. 어느 시점에는 마음을 닫기도 했고, 닫힌 마음을 비집고 들어온 사람과 또 다시 상실의 과정을 거치기도 했다.

처음에는 별일 아니려니 여겼다. 떠나간 뒷모습이 아직 시야에 남아 있을 때까지는 빈자리를 크게 느끼지도 못했다. 누군가가 날 떠나고 내가 그를 잃었다고 느끼기까지는 얼마간의 시간이 필요했다. 하지만 때가 되면 어김없이 슬픔이 해일처럼 나를 덮치곤 했다.

그렇다고 늘 주저앉고 싶었던 것만은 아니다. 상실을 통해 나는 매 순간 성장했다. 어떤 때는 사장으로서 성장했고, 어느 때는 인간적으로 자랄 수 있는 기회가 되었다. 부정적인 측면을 발견하고 울타리를 튼튼히 보수하기도 했고, 무엇이 우리의 좋은 점인지 알게 돼 그걸 강화하기도 했다.

여전히 '드릴 말씀이 있습니다'는 나를 철렁하게 하지만, 누구 한 사람이 빠져나간 자리는 생각보다 치명적이지 않으며, 의지만 있다면 얼마든지 메울 수 있다. 그리고 최종단계인 '수용'까지 적극적으로 받아들인다면, 어쩌면 누군가의 상실만큼 성장하기 좋은 밑거름은 없을 것이다.

삶의 그 어떤 관계도 영원히 지속될 수는 없다. 마음에 든다고 천년만년 내 곁에 두려고 하는 건 그 사람을 위해서라도 더욱 하지 말아야 한다. 처음 만날 때부터 좋은 이별을 염두에 두고 인연을 쌓아가는 게 좋다. 함께하는 동안 서로에게 잊지 못할 최고의 시간을 만들고, 그가 떠나갈 때에는 더 좋은 길을 갈 수 있도록 안배해주는 것이 가장 이상적인 관계를 만드는 방법 아닐까.

두 번째 생각. 직원과 나아가는 마음

공정과 공평 사이의
진심

　나는 항상 직원들에게 원망의 대상이었다. 나라고 '좋은 사람'으로 남고 싶은 마음이 왜 없겠냐마는, 직원과 나는 하나가 아니라 평행선 저 멀리에 있는 '상대'에 가까웠다.

　첫 가게의 직원들에게는 돈을 많이 주지 못했다. 뭘 벌어야 많이 챙겨줄 수 있었을 텐데, 내가 아끼던 고가의 카메라와 렌즈들을 팔아서 알바비를 주는 형편이었으니 주고 싶어도 줄 게 없었다. 그 직원들이 지금도 가장 많이 생각난다. '능률' 면으로 볼 때 잘한다고 말하기엔 어려웠지만, 아무것도 정립된 것 없던 시기에 그들은 정말 머슴처럼 일해주었다. 요령도 없었고 역할도 없었다. 그냥 닥치는 대로 일했다. 없는 살림에 사람도 모자라 쉬지도 못하고 일했다. 한 달에 쉬는 날이라야 하루이틀 정도였고, 그나마 쉬는 날에도 마음이

놓이지 않아서 결국 가게에 얼굴을 비추고야 말았던 사람들이었다. 쉬는 날에 약속이 있으면 가게에서 만나서, 매장이 바쁘면 밥 먹다 말고 일을 거들다 다시 앉았다. 직원이고 알바고 가릴 것 없이 그렇게 마음을 써주었다. 그런 그들에게 준 것이 많이 없어서 아직까지도 늘 미안하다.

나는 그때가 참 좋았다. 점심에 5만 원 팔았다고 기분 좋아서 브레이크타임이라며 가게 문 잠깐 닫아놓고 그날 함께 뛰었던 직원과 7만 원짜리 점심을 사먹으러 갔다. 손님이 없으면 우리끼리 술래잡기를 하기도 하고, 눈 오는 날이면 다 같이 나가서 눈사람 만들고 눈싸움하는 재미에 출근했다. 어차피 하루 종일 손님도 없었고.

가게 문을 열고 처음 쉬었던 날은 오픈한 지 4개월이 지났을 때였다. 좋아하는 사진을 찍으러 성수대교 부근에 갔다가 결국 자연스럽게 가게로 발길을 옮겼는데, 그런 내가 묘하게 기분 좋았다. 말하자면 우리에게 일터는 일터라기보다는 '정' 붙일 곳이었고, 늘 외롭고 소외감 느끼던 삭막한 세상에서 안정감을 주는 곳이었다. 그래서 나도 직원들도 알바들도 퇴근시간 지나도록 매장에서 머무르곤 했던 것 같다.

하지만 매장이 늘고 직원 수가 많아지면서 규율이 필요했다. 첫 매장에서처럼 말하지 않아도 마음으로 통하던 시절은 지나가 버렸다. 결이 다른 사람들도 받아들여야 했고, 그들이 요구하는 '직장'

두 번째 생각. 직원과 나아가는 마음

다운 시스템도 만들어야 했다. 동심을 잃고 어른이 되듯, 나를 부르는 호칭도 맏형과 큰오빠에서 사장님이나 대표님으로 바뀌었다. 나는 여전히 장난기 많은 철부지였지만, 이제는 위엄을 갖추고 존경할 만한 리더십을 보여주며 사람들을 이끌어야 했다. 이 과정이 가장 힘들었다.

마음 가는 대로 할 수가 없었다. 고마운 사람들에게 내가 해주고 싶은 대로 해줄 수만은 없었다. '공평'과 '공정'을 적절히 구사해야 했다. 때로는 공평해야 했고, 때로는 공정해야 했다. 그것을 구분하는 법도 배워야 했다.

누군가는 힘이 세고, 누군가는 힘이 약했다. 힘이나 체력에 따라 공정하게 일을 분배하면 공평하지 못하다며 원망의 대상이 되었고, 그렇다고 공평하게 대하면 공정하지 못하다고 불평을 들었다.

보상도 마찬가지였다. 누군가는 근무기간이 같다는 이유로 공평한 보상을 바랐다. 누군가는 능률이나 열정에 근거해서 공정한 보상을 원했다. 반드시 어느 한쪽에게는 원망의 대상이 될 수밖에 없었다. 기준을 세우면 기준 밖에 서 있던 사람들의 원망을 샀고, 기준을 세우지 않으면 기준 안에 있던 사람들이 원망했다.

'사장'이 되어가는 과정에서는 그렇게 외로움에 익숙해져야 했고 원망에 무뎌져야 했다. '정'으로 일했던 초반의 내 모습을 그리워한 사람들과도 천천히 이별했다. 누군가는 그럴 수밖에 없는 나를 이해하고 응원해주었고, 누군가는 실망한 채 떠나갔다. 회사가 커지고 성장할 때마다 가장 오래된 모습을 기억해주던 사람들부터 잃어야 했다.

　내가 변했다는 원망을 들으며 나는 갈등에 빠졌다. 변화하는 단계에서 변하지 않고 머물러야 했던 걸까. 그때 다른 선택이 있었던 걸까? 그들이 나와 함께 좀 더 나아지고 나아가줄 수는 없었던 걸까.

　수많은 이별을 경험한다. '드릴 말씀이 있습니다'라는 말에 가슴 철렁하기를 반복하다 보면 그 말이 나오기 전에 눈빛으로도 감지할 수 있다. 그가 이별을 말하기 며칠 전부터 마음의 준비를 할 시간도 벌 수 있다. 직원들은 어떤 마음일지 모르겠지만, 나는 헤어짐의 순간마다 연인과의 이별에 필적할 만큼 가슴이 시려온다. 그렇게 숱한 이별을 겪었는데도 튕겨내지 못하고 쓰라려한다. 정을 주지 않고 마음을 닫으면서 아픔을 막아보려 하지만, 그 와중에도 틈을 비집고 들어와 내 마음 한 자리를 차지하는 직원들은 꾸준히 생긴다.

　나를 원망해도 좋고, 원망하는 힘으로 일을 버텨도 좋다. 잔인한 이별을 선언해도 얼마든지 받아들일 마음의 준비가 되어 있다. 하지만 나의 진심은 알고 있었으면 하는 바람이다.

　'사장'이라는 직위 때문에 생각지 못한 외로움을 느낄 때도 있고, 스스로 고독함을 선택할 때도 있다. 그렇지만 한편으로는 평행선을 기울여 직원들과 교차점을 만들고 싶었던 갈망을, 늘 공평과 공정 사이에서 갈등해야 했던 마음을, 모두를 만족시킬 수는 없어서 결단을 내려야 했던 어려움을, 무엇보다 항상 떠나보내고 서운해하면서도 내심 더 잘해주지 못했다는 미안함과 아쉬움을 조금이라도 알아준다면 좋겠다.

개미군집에는
관리자가 없다

내가 꿈꾸는 조직구조는 '개미군집'이다.

개미군집을 자세히 보면 일개미와 여왕개미의 역할이 명확하다. 여왕개미는 알을 낳아 번식을 하고, 일개미들은 집짓기나 진딧물 관리 등 각자가 맡은 일을 충실히 수행한다. 둘 사이의 교차점은 거의 없다.

내가 가장 흥미롭다고 여긴 부분은 '관리자'가 없다는 것이다. 그렇게 많은 구성원들이 매 순간 다른 목표를 가지고 움직이는데 관리자가 필요 없다니! 조직을 구성하고 이끄는 사람 입장에선 탐나지 않을 수가 없다.

사람이 몇 명 모이면 조직을 이끌 리더가 필요하다. 보통은 관리자가 이끄는데, 규모가 커지고 작은 하위조직이 많아지면 덩달아

관리자도 많아질 수밖에 없다. 개중에는 능력 미달인 관리자들도 있어서, 급기야 관리자들을 관리하는 관리자도 필요해진다. 여기서부터 조직관리에 불필요한 부분이 생기기 시작한다.

관리자는 매우 중요한 사람들이다. 그의 역량에 따라 조직 구성원들의 역량이 좌지우지되기도 한다. 그래서 많은 조직이 관리자의 역량을 이끌어내기 위해 힘을 쏟는다. 회사의 본분이 마치 관리자를 키우는 것이라는 듯.

여기서부터 내 이야기를 적용하면 이해가 조금 더 쉬울 것 같다.

장사 초기, 두 번째 매장을 준비하던 나는 첫 번째 매장을 대신 맡아줄 관리자가 필요하다고 판단했다. 그래서 고양이에게 생선을 맡기듯 그 관리자에게 매장을 맡기고 두 번째 고지를 향해 출발했다(그때는 그가 능력이 안 되는 줄 몰랐다).

나는 수시로 상황을 보고받았다. 연락할 때는 주로 통화를 했다. 내 구미에 맞게 편집된 내용이 많았지만 내 나름대로 적절히 알아들었다(고 생각했다). 나는 나대로 그가 잘 관리할 수 있도록 교육에 공을 들였다. 그를 제대로 성장시키기만 하면 나머지는 알아서 돌아갈 거라고 생각했기 때문이다. 다행히 기대한 대로 그 관리자는 놀랍게 성장했는데, 문제는 그가 받은 것을 나눠주는 중간 역할을 해주지 못한다는 것이었다. 그 사람은 성장했지만 구성원들은 영양분을 제대로 섭취하지 못해서 영양실조에 허덕이고 있었다.

매장이 4~5개로 늘어났을 때, 나는 관리자들을 종종 소집해서 교육했다. 그들이 잘할 수 있도록 하는 게 나의 몫이라고 여겼다. 하지만 관리자들'만' 잘하는 현상이 계속 나타났다. 조금 일찍 깨우쳤더라면 좋았을 텐데, 그때의 나는 믿을 건 관리자들밖에 없다고 생각했다. 왜 관리자가 아닌 사람들은 이들만큼 잘하지 못할까, 하고 한탄하곤 했다.

대부분의 교육과 투자를 관리자에게 집중했지만, 그들은 영양분을 듬뿍 섭취하고 그걸로 끝이었다. 아마도 그때쯤부터 개미군집을 부러워하기 시작했던 것 같다.

현장에서 손님들을 대하는 사람은 사장이나 관리자가 아니다. 손님과 가장 많이 대면하는 건 알바생이거나 서열이 가장 낮은 직원일 확률이 높다. 전문용어로 MOT라고 한다. 'Moment Of Truth', 해석하자면 '진실의 순간'이다. 소름 돋는 표현 아닌가.

한 매장과 브랜드를 대표하는 사람이 '알바생'이라는 사실을 인지해야 한다. 그럼에도 많은 조직들은 여전히 '관리자' 육성에만 힘을 기울인다.

세상이 많이 바뀌었다. 이제는 기술 발전 덕분에 '중간' 관리자가 소통을 대신해주어야 했던 물리적 한계를 극복할 수 있다. 여러 방편을 적극적으로 활용해서 중간 관리자들이 떠안은 부담을 줄여주고, 교육도 모두에게 동시다발적으로 '공유'해주어야 한다. 현재의

두 번째 생각. 직원과 나아가는 마음

방식으로는 관리자가 알 만한 덕목들이 알바생에게까지 제대로 전달되기 어렵다.

사장도 자신의 역할을 명확히 정해서 그 부분에 집중해야 한다. 알을 낳든 집을 짓든 일개미들이 제대로 일할 환경을 만들어주고, 관리자가 제대로 일할 수 있는 환경이 아니라 '일개미'들이 한 몸처럼 움직일 수 있게끔 해야 한다.

관리자를 교육시키는 데 비용을 계속 쓰게 되면 당연히 제품 가격도 올라간다. 현장의 서비스는 변하지 않는데 값만 오른다면 경쟁력을 잃을 수도 있다. 이제는 관리자를 위한 관리가 아니라 전체와 소통할 방법을 터득해서 미래 경쟁력을 갖춰야 한다고 생각한다.

P.S. 알바님들에게 잘하자.

말해놓고 사라지는
사장은 안 된다

초등학교 3학년 때 울면서 덧셈 공부했던 걸 잊지 못한다. 네 자릿수 덧셈을 배울 때라 7538 +7326 같은 문제를 풀어야 했는데, 다른 아이들은 모두 끝내서 집에 가고 나만 풀지 못해서 남아 있었다. 한글과 맞춤법을 배우고 받아쓰기를 하던 1학년 때도, 구구단을 배웠던 2학년 때도 몰랐던 사실을 그때 처음으로 깨달았다. 내 학습 속도가 남들보다 조금 느리다는 것이었다. 가슴속에서 알 수 없는 감정이 소용돌이치는 것 같았고, 식은땀이 흘렀고, 소외되고 뒤처진 기분이었다. 같이 하교하는 친구들이 뒷문에서 서성이고 있었는데, 선생님이 아주 오래 걸릴 것 같으니 먼저 가라며 그 친구들을 보냈을 때 나는 눈물을 터뜨렸다.

하지만 결과적으로 나는 해냈다. 물론 시간이 필요했고, 몇 번이나 오답을 내기도 했다. 그 과정이 없었으면 네 자릿수 덧셈은 해내지 못했을 것이다. 하지만 어찌어찌 막힌 문제를 풀고, 다른 유형의 문제들에도 부딪쳐보니 이내 능숙해지기 시작했다.

초등학교 3학년 때 깨달은 이 중요한 진리는 살면서 한 번도 어긋나지 않았다. 고등학생 때는 잠시 잊고 남들보다 빨라졌다고 판단한 탓에, 오답과 연습 과정을 거치지 않아 공부를 완전히 내 것으로 만들지 못해서 수능에 실패하기도 했다.

대학은 중국 상하이에서 다녔다. 중국어를 한마디도 못했던 나는 당연히 앞에서 말한 과정을 거쳐 언어를 습득해야 했다. 학교에서 아무리 잘 배워도 반복해서 써먹지 않으면 죽은 단어가 되기 때문에, 끊임없이 배우고 까먹고 틀리는 과정을 거쳐 성장했다.

언어만이 아니었다. 식당을 운영하면서 요리를 배우지 않은 것을 두고두고 후회하기도 했고, 두고두고 잘한 일이라 생각하기도 했다. 정석대로 식당 일을 시작했던 게 아니라서 먼 길을 돌아가야 할 때도 많았지만, 오히려 덕분에 빠른 길을 발견할 수도 있었다. 배우지 않았으니 불필요한 동작들은 애초에 알지 못해서 꼭 필요한 과정만 살리는 능력을 발달시킬 수 있었던 것이다.

나는 음식을 만드는 데에도, 서빙이나 기타 잡일에도 나의 논리를 똑같이 적용했다. 직원들도 나처럼 잘 모를 거라고 확신했기 때문이다. 그래서 '교육'에 대한 비중을 높게 잡지 않았다. 어차피 배워도 까먹을 테니까, 잘 가르쳐주는 것보단 많이 연습하고 많이 틀릴 수 있는 기회를 주는 게 더 중요하다고 생각했다. 무작정 교육만 해서 머릿속에 주입시켜봐야 과연 내가 하는 말들을 얼마나 알아들을까? 아마도 '저 사람 대체 무슨 말을 하는 건가' 하면서 막막해할 게 분명했다.

말보단 행동으로 보여주는 게 중요하다. 서버들에게 '친절해야 한다'고 말하는 건 아무런 의미 없다. 손님들을 직접 환하게 맞이하는 모습을 수도 없이 본 후에야 겨우 따라 하기 시작한다. 손님과 내가 기분 좋게 인사 나누는 모습을 보고 '나도 저런 기분을 느끼고 싶다'고 스스로 생각하도록 만들어줘야 한다. 시간이 필요했고, 시행착오도 해봐야 했다. 그렇게 시간이 지나고 나면 놀라울 정도로 변해 있는 직원들을 발견할 수 있다.

자리를 안내해주고 음식을 설명하는 과정은 물론 심지어 주방에서 요리하는 과정도 마찬가지였다. 보여주고, 보여주고, 또 보여주었다. 설명하고, 다시 설명하고, 또 설명해준다. 그리고 직원들이 직접 해보는 과정을 지켜보고 오답을 바로잡고, 연습 또 연습하는 과정을 응원해주면 어느덧 완성된다.

한 번으로는 안 된다. 두 번 세 번도 적다. 열 번 스무 번, 그게 안 되면 백번도 반복해서 알려줄 수 있어야 한다. 천 번도 할 수 있어야 한다. 그게 사장의 언어다.

어느 한 명이 잘 따라오지 못하더라도 소외되고 뒤처지는 기분이

들지 않도록, 누구나 그런 과정을 거쳐서 성장하는 게 당연하다고 말해주어야 한다.

'몇 번을 말했는데 그걸 못하냐'는 사장의 언어가 될 수 없다.

교육은 큰 의미가 없다. 모든 것은 훈련과 연습을 통해서만 습득할 수 있다. 말해놓고 사라지는 사장이 되어선 안 된다. 직원들이 완벽하게 습득할 수 있을 때까지 디테일하게 코칭해주어야 한다.

이제 그 코칭을 연습해보자.

사장의 비전,
직원의 비전

　20대부터 장사를 시작한 나는 조직을 이끌었던 경험도 없고 사회 생활 경험도 턱없이 부족했을뿐더러 사람도 다양하게 만나보지 못 했다. 당시에는 다 안다고 생각했지만 나보다 나이든 사람이나 까다 로운 사람을 상대할 때는 늘 서툴렀다.

　특히 내가 다루지 못하고 휘둘리기만 했던 사람은 주방이모들이 었다. 나는 카리스마 있게 리드하고 싶은데, 아무래도 유교사상이 뿌리 깊게 박혀 있던 터라 엄마뻘 되는 사람에게 이거 해라 저거 해 라 하지 못해 끙끙 앓기만 했다. 미진한 부분도 바로잡아주어야 하 는데 그조차 제대로 말을 못하고 마음속에만 감춘 채 '내가 하고 말 지' 하며 혼자 다 했다. 이미 수십 년간 남의 집 살림을 맡아온 주방 이모들은 세상사에 도가 터서 나 같은 어린 사장을 다루는 데는 선

수였고, 어리숙한 내 머리 꼭대기 위에서 어찌나 능숙하게 몸 사려 가며 나를 잘 시켜먹었는지 지금 돌이켜보면 소름이 다 돋는다.

내 나이 스물여덟 살에 첫 알바생이 들어왔다. 그 친구는 스무 살이었다. 알바생들 중에는 고등학교 때부터 알바를 해온 아이들이 많았는데, 나는 오히려 이들에게 많이 배웠다. 능숙하게 시키지 못하는 나를 알아채고는 오히려 리드해주었던 것이다. 내가 편안하게 시킬 수 있도록.

그렇게 신뢰가 쌓이면서 나는 주방이모는 못 다뤄도 착한 알바생들은 리드할 줄 아는 사장이 되었다. 어느 시점부터는 제법 리더십이 생겨서 젊은 친구들은 끌고 갈 수 있게 되었다. 거기까지 가는 데에는 시간이 필요했고, 경험이 필요했고, 리더십에 대한 공부와 노력이 반드시 있어야 했다.

2년차, 3년차에는 매장에 젊은 친구들의 활기가 가득 찼고, 그 기세로 이모들을 찍어 눌렀다. 몸이 부서질 기세로 일하는 청년들을 눈앞에 두고 그분들도 꼼수만 부릴 수는 없었다. 그렇게 가게는 점차 좋은 사람들로 채워졌다. 아니, 누가 와도 곧 좋은 사람이 되었다.

4~5년차쯤 되자 직원도 30명을 넘어서면서 자연스럽게 권위가 생겼다. 굳이 내세우려 하지 않아도 내가 떠받치고 있는 엄청난 무게감이 평상시에도 드러났고, 직원들도 이를 느꼈는지 태도에서 나에 대한 존중이 묻어났다.

나는 재미난 비교를 하기 시작했다. 그전까지만 해도 일도씨패밀리는 젊은 사장이 부담 없이 이끌기 좋은 나잇대, 특히 세상을 다 씹어먹을 것 같은 20대가 압도적인 비중을 차지했다. 하지만 매일 벽보고 설거지만 해야 하는 궂은일은 젊은 친구들이 오래 버티지 못해서 대부분 50대 이모들이 맡고 있었고, 이들은 늘 파이팅 넘치는 청년들 사이에서 소외될 수밖에 없었다.

당시 나는 20대의 마음을 잘 알았다. 나 자신이 20대 때 격정적으로 방황했기 때문이다. 20대의 나는 매일매일 갈대 같은 나날을 보내면서 하루에도 수차례 일기를 썼고, 그 과정에서 순간순간을 깊게 고찰할 수 있었다.

그때는 내가 다른 사람들과는 다른 삶을 살 거라고 생각했다. 엄청난 부자가 되어 수많은 사람들 위에 군림하는 대단한 성공을 이룰 것 같았다. 비록 지금은 초라하지만 역경을 이겨내 끝내는 성공 스토리를 써나갈 거란 확신이 있었다.

하지만 문제는 매일같이 반복되는 일상에서 오는 불안감이었다. 내가 이러고 있을 사람이 아닌데, 지금 이러고 있다가는 내 상상 속 성공과는 점점 멀어지는데, 불안하고 초조해 미칠 것만 같았다. 이렇게도 해보고 저렇게도 해봤지만 딱히 바뀌는 것은 없었고 오히려 점점 안 좋아진다는 생각에 사로잡혔다. 사춘기 때보다도 더 방황이 심했다. 매일 지는 해를 보며 내 인생이 혹시 저렇게 허무하게 저물지는 않을까 불안했고, 밤에는 흘러가버리는 내 젊은 날이 안타까워서 잠을 이룰 수가 없었다. 그렇다고 그 시간을 알차게 보낸 것도 아니었다. 이도저도 아닌 시간들이었다. 지금 하고 있는 일이 나를 속박한다고 생각해서 '내 젊은 날을 이렇게 허무하게 보낼 수는 없다'며 뛰쳐나와 보기도 했다. 하지만 밤새 게임을 하다 늦은 오후에 일어나거나, 하다못해 여행 한 번 가지 않고 시간만 보내는 한심한 내 자신을 발견할 뿐이었다.

그때 그 순간들을 적어보자면 끝도 없으니 이쯤 해두자. 하여튼 내가 그 마음을 잘 알다 보니 청년들의 마음에 '뽐뿌질'을 하는 건 너무 쉬웠다. 성공하고 싶은 허영심을 테이블 위에 꺼내놓기만 하면 다 알아서 흘러갔다. 나침반을 아무리 돌려봐도 아무것도 보이지 않아서 불안한 그들에게 '열심히 하다 보면 반드시 그런 날이 온다'고 한마디만 하면 됐다. 나는 지금 꿈을 실현하고 있는 그들의 우상이었고, 그 우상이 '꿈은 허상이 아니다'라고 간증해 주면 그들은 다시 움직일 수 있었다.

문제가 있긴 했다. '주기적인' 동기부여가 필요했다. 약발은 금방 떨어졌다. 처음엔 얼굴만 보아도 열심히 하던 우리 청년들은 점점 더 강한 자극을 필요로 했다. 작심삼일로 끝나는 사람들이 계속 늘었다. 다른 방법을 생각해야 했다.

고민 끝에 나의 필요와 그들의 필요 사이 중간 지점에 떡밥을 투여했다.

'비전'이었다.

나는 꿈이 있었지만, 사실 그건 순전히 내 꿈이었다. 하지만 그것을 이루기 위해 이 사람들이 오래오래 내 곁에 남아 있어주었으면 했다. 혼자서는 절대 불가능할 테니까. 그래서 내 꿈을 '우리의 꿈'으로 포장해서, 그게 이루어지면 세상을 다 줄 것만 같은 비전을 제시했다. 구체적이거나 명확한 비전은 아니었다. 어떤 모습으로 성공하게 될지는 나도 몰랐기 때문이다. 그냥 '엄청난 부와 명예를 가져다줄 것'이라는 식이었다.

　직원들은 뭔지는 몰라도 일단 열정적으로 동참했다. 지금 생각해보면 내 비전 때문이 아니라, 뭘 했어도 최선을 다했을 사람들이어서였던 것 같다.

　아무튼 첫 번째로 내가 던진 떡밥은 '승진'이었다. 이곳에서 오래오래 머물러주길 바라며 많은 단계의 직급을 설정했다. 그 직급을 모두 거치자면 환갑이 되어서나 정년퇴직할 것 같은 대기업 구조를 만들어놓았다. 누군가는 좋아했지만, 누군가는 내 속셈이 얄미웠을 것이다.

　대부분의 직급은 '공신㎞⏤'들에게 가야 했다. 앞서 말했듯 일도씨 패밀리의 공신은 가게 주축을 이루는 20대가 대부분이었다. 매니저나 점장, 슈퍼바이저 모두 20대들이 맡았고 자연스럽게 이모님들은 그들을 관리자로 모셔야 했다. 개중에는 역할에 맞는 좋은 권위를 갖춘 관리자도 있었지만, 나의 초창기 모습처럼 이모들에게 휘둘리기 일쑤인 어설프기 그지없는 관리자도 있었다.

점차 '잘하는 사람 = 관리자'라는 말도 안 되는 공식이 생겼다. 사실 내가 만든 거였다. 서빙을 잘하는 것과 관리를 잘하는 것은 엄연히 다른데, 잘하는 친구가 관리자 밑으로 들어가는 그림도 안 맞는다고 생각했던지라 직급을 그냥 올려주곤 했다. 그러다 보니 서빙할 땐 쉬웠는데 관리는 너무 어려워서 말도 못하고 속앓이를 하다가 관둔 직원들도 꽤 됐다. 20대에 누군가를 관리한다는 건 사실 굉장히 어려운 일인데, 그 부분을 간과한 나의 패착이었다.

공신은 그냥 공신의 보상을 따로 해주고, 잘하는 사람은 잘한 일에 대해 보상해주는 게 맞았다. 잘한다고, 애썼다고 다 관리자로 만들어줄 게 아니라 '관리'를 잘하는 사람에게 그 자리를 주었어야 했다. 그 개념이 부족해서 길을 많이 돌아갔다. '비전'을 비전으로 쓰지 못하고 직급을 팔아서 동기부여를 하려 했으니 당연한 결과였다.

두 번째로 던진 떡밥은 '금전적 보상'이었다. 사실 20대와 50대를 비교해서 이야기하게 된 건 이 보상 때문이다. 20대의 젊은 청년들에겐 보상이 참 까다로웠다. 초기에 겪은 이모님들과는 다르게 정말 몸이 부서져라 일해주었던 직원들의 마음을 '돈'으로 환산하는 건 정말 어려운 일이었다. 그래도 뭐라도 주고 싶은 마음에, 이미 우리에겐 정해놓은 월급이 있었지만 단돈 10만 원이라도 더 챙겨주고자 노력했다. 어떤 직원은 그런 돈을 바라고 한 것이 아니라며, 자신의 마음을 알아준 것만으로도 고맙다고 서로 부둥켜안기도 했고,

어떤 직원은 그렇게 열심히 했는데 고작 10만 원으로 때우려 한다며 다른 직원들에게 나를 욕하기도 했다. 매출이 잘 나오기는 했어도 매장을 오픈할 땐 대부분 빚으로 시작했던 터라 늘 수억 원의 재정적자를 떠안고 있던 내게는 그 정도가 최선이었지만 사실 그건 직원이 알 바가 아니다. 이건 내가 어찌할 수 없는 부분이기도 하다.

20대 청년들에겐 10만 원이 많다면 많은 돈이고 적다면 적은 돈이다. 돈이 무서운 사람에게는 큰돈이지만 반대로 술 한 번 먹으면 하룻밤에도 날려버릴 수 있고, 외투 한 벌이나 신발 하나 장만하면 끝날 수도 있다. 돈의 값어치를 깨우치기 어려운 나이여서, 긍정적이든 부정적이든 '그런 적은 돈을 바라고 열심히 한 게 아니다'가 되었다.

50대 이모들은 이야기가 달랐다. 내가 겨우겨우 10만 원씩 더 챙겨줄 수 있게 되었을 때, 이모들은 그 돈을 받고 내게 90도로 인사하거나 내 손을 꼭 붙잡고 진심으로 고마워했다. 같은 10만 원인데 그 값어치가 20대와 사뭇 달랐다. 솔직한 마음으로는, 20만~30만 원씩 더 챙겨줬던 20대들에게 돈을 뺏어다가 이모들 손에 쥐어주고 싶기까지 했다. 10만 원의 의미를 이모들은 잘 알았다.

20~30대와 40~50대.

각각의 장단점이 있지만, 매장에서는 두 연령대가 적절하게 어우러졌을 때의 시너지 효과가 분명히 있다. 젊은 청년의 힘과 열정이 중년들에게 영향을 주고, 중년의 노련함과 꾸준함이 젊은 청년에게 영향을 줄 때 그토록 염원하던 '지속적으로 관리 가능한 매장'이 될 확률이 높아진다.

'내가 겨우 이런 일 하려고'라는 말, 그리고 '너도 살아보면 알게 될 거야'라는 말. 차이가 너무 커서 섞일 수 없을 것처럼 보이지만, 시간이 지나보면 서로가 서로에게 배움을 안겨주는 장면을 나는 많이 보았다.

그런 장면을 보고 깨달음을 얻은 어느 날, 나는 더 이상 약을 팔고 싶지 않아서 '비전은 없다'고 아주 솔직하게 선언했다. 비전이라는 건 결국 나의 꿈이었고, 이제 각자 자신의 꿈을 꾸어야 한다고 말이다. 여러 직원들이 실망해서 떠나기도 했지만 그 솔직함을 응원해준 직원들과는 꽤 오랜 시간을 함께했다.

가끔씩 눈에 야망이 이글거리는 직원이 입사해서 내게 단도직입적으로 물어올 때가 있다.

"대표님, 제가 열심히 할 수 있도록 비전을 제시해주십시오."

한동안은 아무 대답도 하지 못했다. 답을 찾지 못하기도 했고, 거짓말하고 싶지도 않았기 때문이다. 시간이 지난 후 내 마음에서 우러나온 솔직한 말은 이러했다.

"저를 위해, 그리고 회사를 위해 일하지 마세요. 당신의 비전은 당신이 만들어가세요. 그리고 자신을 위해서 일하세요. 혹시 이루고 싶은 꿈이 있거나 찾고 싶다면, 제가 도울 수 있는 한 최대한 돕겠습니다. 그것이 제가 제시해줄 수 있는 최고의 비전입니다."

시대에 맞는
경영

우리가 배우는 경영과 리더십은 늘 '과거'를 기반으로 한다. 하지만 '국가'에 대한 충성심으로 목숨까지 바치던 과거 사람과 현대인 사이에는 차이가 있기 때문에, 과거의 것을 참고해 현재에 맞도록 자신만의 방식을 완성하는 것이 가장 중요하다.

나라를 지키고 백성을 지키기 위해 자신을 희생하는 과거의 방식대로 회사에 충성하고 회사를 위해 이 한 몸 바치는 직원을 바란다면, 그 헛된 꿈을 빠르게 버려야 한다.

개개인의 삶이 중요해진 시대다. 시대가 잘못되었다고 탓하기 전에 이 시대에 맞는 경영을 해야 한다.

회사에 몸담고 있지만 자기 자신을 위해 일하게끔 이끌어주는 게 중요하다. 스스로에게 부끄러움 없는 시간이 되게끔 일할 수 있는 방법을 가르쳐주어야 한다. 그런 구성원들이 모인 조직이 지금 시대에선 더 강력하다.

성공하는 조직은
주인공이 많은 조직

　가족이 운영하는 식당이 꽤 있다. 나도 경험했지만, 이런 식당들의 공통점은 대부분 늪에 빠진 것처럼 주인이 빠져나오지 못한다는 것이다. 답답한 알바생이나 직원 탓도 있겠지만, 사장이 자기 손을 반드시 거쳐야 직성이 풀리는 타입인 경우가 많다.

　그리고 가족식당은 아무래도 사장이 한 명이 아닌지라 갈등이 많은 편이다. 싸울 때면 둘 다 맞는 말을 하는 것 같아서 어느 한쪽으로 굽혀지지 않고 팽팽하게 대립할 수밖에 없다.

　이럴 때 가장 불쌍한 사람들이 있다. 직원이다.

　의사결정에는 아무런 영향도 미치지 못한 채 중간에 끼어버린 직원들. 혹여 의견을 묻는다 하더라도 대부분 한쪽 편을 들어줘야 한다. 어느 쪽에 서든 다른 한쪽의 미움을 사게 되는 건 정해진 수순이다.

이런저런 이유로 직원들은 오래 버티지 못하고 관둔다. 가족경영의 들러리가 되고 싶지도 않고, 사명감도 가질 수 없고, 자기결정권이나 자율성을 찾을 수 없으니 당연한 결과다.

'사공이 많으면 배가 산으로 간다'는 속담은 들을수록 진리에 가깝다.

이러나저러나 주인공이 아닌 삶은 흥미롭지 않다. 비중 없는 엑스트라로 남아야 한다는 건 끔찍한 삶이다. 지금은 엑스트라일지라도 언젠가 주인공이 되기 위한 발판을 다지는 중이라고, 혹은 엑스트라 역할을 하더라도 스스로가 주인공이라고 믿을 수 있어야 의미가 있다.

가족경영의 가장 큰 단점은 오직 가족만이 주인공이고 나머지는 모두 가족을 위한 들러리가 된다는 것이다. 물론 균형을 잘 맞추고 품질을 잘 유지해서 오래오래 가는 소수의 예가 있긴 하지만 대부분의 가족경영은 직원들을 힘들게 한다.

나는 그런 경우 역할을 확실하게 분담하기를 권한다. 결정권은 한 사람에게 몰아주고, 나머지 사람은 매장에서 존재감조차 없게끔 해야 직원들이 숨 쉴 공간이 생긴다.

성공하는 조직은 주인공이 많은 조직이라고 생각한다. 설거지하는 이모도, 서빙하는 알바도, 배송 오는 거래처 사장님도 자기 덕에 이 가게가 잘 돌아가고 있다고 느낄 때 조직에 활력이 넘친다. 사명감이란 건 그런 사소한 마음에서부터 시작되는 것이다.

일하는 사람들끼리 서로를 생각해주는 마음에서 피어나는 따뜻한 온기, 그런 분위기는 강요와 교육에서 나오는 것이 아니라 '오너'의 마음에서부터 시작된다.

할아버지 두 분이 모두 일찍 돌아가셔서, 나는 태어났을 때부터 할아버지가 없었다. "할아버지가 살아계셨다면 첫 손주를 엄청 예뻐하셨을 텐데"라는 말을 들으며 자랐고, 자연스럽게 노인에 대한 연민이 생겼다. 시장 좌판에서 나물 파는 할머니, 생선가게 할아버지나 떡집 할아버지들을 보면 왠지 모르게 짠했다. 나중에 성공하면 그런 노인들을 위해 무언가 하고 싶었다. 그런 마음에서 생각해낸 일이 '식사 대접'이다. 비록 거창한 것은 아니지만 한 달에 한 번이라도 노인들을 모셔다가 우리 가게에서 식사를 대접하는 것부터 시작하려고 했다.

이 식사 자리는 수년째 거르지 않고 계속되고 있는데, 정작 나는 참석하지 않는다. 나는 알고 있다. 그 자리에 나타나면 내가 주인공이 되리라는 걸. 모든 감사인사를 한몸에 받을 사람이 된다는 걸. 그래서 가지 않았다. 나는 우리 직원들을 주인공으로 만들어주고 싶었다. 홀서빙 '따위'가 얼마나 값어치 있는 일이 될 수 있는지, 두 손 꼭 잡은 할머니 할아버지들에게 고맙다는 말을 듣는 순간 깨닫게 된다. 무표정하던 알바생들의 얼굴이 따뜻해지고, 출근하기 싫다던 직원들에게 활기가 도는 순간이 바로 그때다.

사람에게 서비스를 제공하고 감사의 인사를 받을 때 느끼는 감정은 고차원적인 감정이다. 누군가를 즐겁게 만들 수 있다는 사실에 기쁨을 느끼는 것 말이다. 나서지 않아도 나는 어차피 충분히 다 느낀 감정이다. 게다가 나는 직원들이 감사인사를 받으며 기뻐하는 모습에서 이미 보상받은 것이나 다름없다. 이건 처음 하는 이야기지만, 몰래 먼발치에서 흐뭇하게 바라본 적도 몇 번 있다.

부모는 자식의 성장에서 기쁨을 누리고, 선생님은 제자의 성장에서 기쁨을 누린다. 그리고 경영자는 직원들의 성장에서 기쁨을 만끽할 수 있어야 한다. 당장 생업에 급급해서 직원들을 보잘것없는 엑스트라로 만든다면 한평생 사장노동자에서 벗어날 수 없다.

직원들이 못하는 게 아니라, 직원들을 잘하지 못하게 만든 스스로의 못남을 직시해야 한다.

그가 처음부터
그렇게 까칠했을까?

    한 달 반 정도 열심히 가르쳐서 이제 한 사람 역할을 하게 된 직원이 며칠째 말없이 결근이다. 언제 챙겼는지, 회사에 있던 개인물품은 이미 자취를 감췄다.

    몇 년간 회사의 성장을 묵묵히 지켜봐온 깐깐한 관리자의 얼굴이 한층 더 까칠해졌다. 그가 처음부터 이렇게 까칠했던가 하고 돌이켜본다. 3년 전 처음 입사했을 때 그는 상냥하고 친절한 사람이었다. 누구에게나 웃어주고 정을 나누는 좋은 사람이었다. 혹여 상처받지는 않을까 우려되는 마음 반, 이미 내게는 없어져버린 그 마음이 반갑고 부러운 마음 반으로 그에게 조심스럽게 조언하기도 했는데, 그는 오히려 너무 각박해진 나에게 마음을 조금 열고 분위기도 유하게 만들 것을 제안하기도 했다.

시간이 흐르면서 그에게도 내가 겪은 것과 비슷한 사건들이 일어나기 시작했다. 면접 보러 오겠다고 해놓고 아무 연락 없는 사람들, 출근하기로 한 날 잠수 타는 사람들, 하루만 나오고 펑크 내는 알바들, 한 달이 넘도록 열심히 가르쳐났는데 말없이 관두는 직원들, 앞에서는 웃고 뒤에서 욕하는 이중인격자들.

이 관리자도 조금씩, 처음부터 정을 너무 많이 주면 안 된다고 생각하기 시작한 듯했다. 칭찬으로 잘하게끔 만들던 그가 잘해야 칭찬하는 사람으로 바뀌었고, '당신도 어느 순간 말없이 안 나올 테니 정을 주지도 않을 것이며 정성을 쏟지도 않겠다'는 태도로 사람을 대하기 시작했다. 사정을 아는 사람에겐 지극히 그럴 만한, 이해할 만한 변화였지만 처음 보거나 아직 익숙하지 않은 사람은 까칠하다고 느낄 수밖에 없었다.

그가 처음부터 그렇게 까칠했을까?

누가 그 사람을 그렇게 만들었을까?

흔히들 말한다. 저 사람이 겉은 저래도 알면 알수록 괜찮은 사람이라고. 시간이 많이 지나다 보니 나도 우리 관리자의 원래 성격이 그런 줄로 알았는데, 오늘 말없이 인연을 끊은 직원을 보면서 관리자의 마음속 벽이 딱 그만큼 높아지겠구나, 이렇게 그는 마음의 벽을 쌓아온 거구나 싶었다. 그가 처음 들어왔을 때를 떠올려보니, 그가 처음에는 그렇지 않았다는 걸 새삼 깨달았다.

보이는 게 다가 아니다. 사람의 모습은 살아온 과정이 축적되어

나타나는 것이다. 조금 이상해 보이는 사람이라도 그만의 이유가 있기 때문에, 만약 이해해줄 마음만 있다면 얼마든지 그 사람을 제대로 볼 수 있는 기회가 생긴다. 원래 마음 따뜻하고 칭찬도 잘했던 관리자처럼.

나에게도 그런 모습이 있을 것이다. 사람 때문에 스트레스를 받았던 건 관리자보다 더하면 더하지 덜하진 않을 테니까. 하지만 나의 지난날 때문에 남들에게 괜히 까칠하게 굴지 않도록 노력해야겠다.

직원들에게
미래를 빚지지 말라

매장이 오픈하고 자리를 잡는 데 필요한 요소는 딱 두 가지다. 첫 번째는 손님이고 두 번째는 직원이다. 손님이 꾸준히 와서 매출이 어느 정도 안정됐을 때 우리는 '자리 잡았다'고 말하고, 직원들이 어느 정도 채워지고 안정적으로 운영되기 시작했을 때에도 똑같이 말한다. 말하자면 매장이 잘되는 데 필요한 건 손님과 매출, 딱 두 가지다.

하지만 겨우 두 가지 요소를 채우는 게 그렇게 어려울 수 없다.

구인 방법을 잘 몰랐던 나는 벼룩시장 한구석에 채용공고를 내놓고 오매불망 전화가 오기만을 기다렸다. 신문에 난 수없이 많은 업체 중 하나일 뿐이었으니 전화 올 확률이 높지 않은 건 분명한데도 딱히 다른 노력을 하지 않았다. 그러다 보니 사람이 궁했고 귀했다.

어렵게 어렵게 구한 직원들은 쉽게 쉽게 떠나갔다. 돈을 잘 벌지도 못하는 매장에서 줄 수 있는 급여는 다른 곳들과 별반 다를 바 없었고, 그러다 보니 직원들은 굳이 여기서 계속 일할 이유를 찾지 못했다.

직원들이 정착하지 못하고 자꾸 손이 바뀌니 소모되는 에너지도 만만치 않았다. 바뀐 직원들을 교육하고 조마조마하게 '실습'까지 시키다 보니, 차라리 내가 혼자 뛰는 게 낫겠다는 생각도 들었다.

마음이 급해지니 감언이설로 구슬리려고 했다. 간이고 쓸개고 다 빼줄 것처럼 말하며 그들을 구워삶으려고 했다. 그것도 지금 당장 해주는 것도 아니고, 곧 좋아질 거라며 미래를 팔았다. 나중에 잘되면 이런 걸 해주겠노라고, 나 자신도 잘 몰랐던 미래를 왜 그렇게 들먹였는지 모르겠다.

정 때문에, 의리 때문에 차마 그만두기 어렵도록 형-동생 관계를 맺는 '브라더십' 끝판왕을 달리기도 했고, 높은 빌딩 옥상에 데려가서 세상을 네 발밑에 두게 해주겠다며 감성팔이를 한 적도 있다.

그런 브라더십과 미래팔이는 브랜드가 성장하는 과정에서 대부분 거치는 단계 중 하나다. 하지만 이때마다 처음 이야기와 다르다며 실망하고 떠난 직원들의 비난을 듣곤 한다. 정말 다를 수도 있고, 다르게 받아들였을 수도 있다.

가끔 그때로 돌아가면 다른 방식을 쓸 거냐는 질문을 받는다.
그때로 돌아간다면 조금은 달라질까?

　　　　　　　　　두 번째 생각. 직원과 나아가는 마음

브라더십을 이용하는 일도, 허무맹랑한 미래를 제시하는 것도 다시 할 것 같다. 하지만 분명한 것은, 조금 더 솔직해지고 싶다는 마음이다. 나는 미래를 알지 못하면서도 일단 가자고 좌표를 던졌고, 그들은 내 말만 믿고 순진하게 따라왔다. 돌이켜보면 나 때문에 인생에서 크게 시간을 낭비한 사람이 있을 수도 있다. 다소 무책임한 행동이었다고 생각한다.

다시 한 번 그들을 이끌 수 있다면, 그때는 나도 모르겠다고 이야기할 것이다. 정상에 올랐을 때 아무것도 없을 수도 있고, 꼭대기까지 오르지도 못하고 중도에 포기해야 할 수도 있다고. 하지만 가는 동안 우리가 만날 아름다운 순간들은 인생에서 가장 소중한 시간이 될 것이며, 그 과정을 통해 반드시 성장한 너 자신을 만나게 해주겠노라고 약속하고 싶다.

직원들에게 함부로 미래를 빚지지 말라. 지키지도 못한 비전을 제시하느라 자신을 소모하지도 말자. 대신 그들의 비전을 들어주고 보탬이 될 수 있도록 하자. 함께하는 동안 그들이 성장할 수 있도록 있는 힘껏 도와준다면 헤어지는 순간도 아름다울 것이다.

어쩌면 흔들리지 않을 비전이란 바로 그런 약속들에 있는지도 모른다.

퇴사자의
문자메시지

추운 날에 피어 따뜻한 바람도 제대로 못 받아보고 날아가 버린 벚꽃과 함께, 나는 언제 그랬냐는 듯 일상을 살고 있다. 벚꽃이 터지면서 매출도 함께 터져 미소 짓기도 했고, 반대로 벚꽃 때문에 부진했던 매장 직원들이 마음 다칠까 봐 안절부절못하기도 했다.

오늘은 작년 말에 퇴직해서 자기 매장을 차린 직원에게서 안부 메시지가 왔다. 거기에는 장사가 잘돼도 잘되지 않아도 온통 쉽지 않은 일뿐이라며, 벚꽃 핀 석촌호수의 일도씨찜닭이 그립다고 쓰여 있었다.

직원으로 있을 때와 사장이 되었을 때는 상황이며 마음가짐이 사뭇 다르다. 사장님이 왜 저렇게 답답하게 구는지는 같은 처지가 되어봐야 알 수 있다. 굳이 직원과 사장을 가르지 않더라도, 누구나 그

두 번째 생각, 직원과 나아가는 마음

퇴직해서 자기 매장을 차린 직원에게서 안부메시지가 왔다.
장사가 잘돼도 잘되지 않아도 온통 쉽지 않은 일뿐이라며,
벚꽃 핀 석촌호수의 일도씨찜닭이 그립다고 했다.

사람의 상황을 겪어보지 않고서 함부로 평가하는 건 옳지 않다.

'벚꽃이 지지 말아야 할 텐데'라며 'ㅋㅋ'를 붙여 보낸, 이젠 사장님이 된 그와 대화하는 게 참 즐겁다. 떠나간 직원들과 가끔씩 연락하고 밥 먹는 사이가 된다는 건 해본 사람만이 아는 즐거움이기도 하다.

이런 즐거움처럼, 장사를 하다 보면 사업 성취만큼이나 가치 있는 일들이 생긴다. 공과 사 중 사적인 부분에서 유난히 그런 기쁨을 주는 일이 많다. 빠른 길보단 바른 길로 가는 사람이 누릴 수 있는 특권이기도 하다.

외부에만 에너지를 쏟느라 직원과의 교류를 잊는 사장님들을 종종 본다. 그사이에 잃은 직원들의 시간 또한 나의 기회비용이 될 수 있음을 기억하면 좋겠다.

왜 그들을
바꾸려고 했을까

사람 쉽게 바뀌지 않는다.

처음 장사를 시작하면서 직원들에게 동기부여를 해주고 책을 사주거나 권하고 교육을 받게끔 하면서 내가 원했던 건 그들의 삶이 바뀌는 것이었다. 배경도 학력도 없지만 인생은 바꿀 수 있다고 보여주고 싶었다. 우리처럼 평범한 사람들도 세상을 뒤엎고 꼭대기까지 올라갈 수 있다고 말이다.

개중 누군가는 바뀌려고 노력했고, 다른 누군가는 그러지 않았다. 이 과정에서 느낀 점은 사람이 쉽게 바뀌지 않는다는 것이었다. 난 끝내 단 한 명의 인생도 바꾸지 못했다. 끌어올렸다고 생각했지만 오히려 소진시키기만 한 것 같다.

그런데 어느 날 문득 이런 생각이 들었다.

왜 바꿔야 했을까? 그들이 살고 있던 삶을 왜 나는 존중해주지 못하고 바꾸라고만 했을까? 지금도 썩 괜찮은 삶이라고 왜 말해주지 못했을까?

책 읽고, 공부하고, 운동하는 것도 참 좋은 일이지만, 고된 근무를 마친 후에 술 한 잔 하고, 친구들 만나 수다 떨고, PC방 가서 게임도 하고, 그냥 푹 자는 것도 나쁘지 않은데 말이다. 하지만 당시의 나는 그 가치를 인정하지 못하고 그렇게 보내는 시간이 아깝고 답답하다고만 생각했다.

현재를 부정하면 미래는 없다. 지금을 희생한다고 미래가 행복하리라는 보장은 없다. 너무 늦게 깨달았지만 말이다. 사람은 쉽게 바뀌지 않는다. 굳이 바꿀 필요도 없다. 더 나은 삶을 살고 싶다면 그냥 지금 열심히 하면 된다.

두 번째 생각, 직원과 나아가는 마음

지금은
'견뎌야 하는' 때가 아니다

꿈이 뭐냐는 질문을 종종 받는다. 어떤 계획을 갖고 있냐고 묻기도 한다.

나는 늘 적당한 농담과 웃음으로 둘러대듯 넘긴다.

처음에는 세계적인 식품 대기업을 만들고 싶었다. 허무맹랑한 소리가 아니라 분명히 가능성이 있는 이야기다. 사람들에게 절대적인 신뢰를 받으면서 제대로 된 음식을 만들어내는 기업은 생각보다 많지 않다. 쉬운 일이 아니다 보니 내로라하는 대기업들도 외식업에 뛰어들었다가 쓴맛을 보기 일쑤다. 하지만 외식업이 대기업으로 성장한 케이스는 없었기 때문에 오히려 나는 가능성이 있다고 판단했다.

좋은 농장과 계약재배를 하거나 직접 생산에 관여해서 양질의 재료를 구하고, 비가열소스 등을 우리 식당 전용으로 생산하는 제조

라인을 만들어서 항상 일정한 퀄리티를 유지할 수 있도록 하며(비가열소스는 일반적인 식품가공공장에서는 상품성이 없어서 판매하기 어렵다), 그 기반으로 물류라인까지 갖추면 1차, 2차, 3차산업까지 완성되는 거다. 그렇게 데이터를 차근차근 쌓으면서 디자인과 마케팅, 브랜딩 능력까지 갖추면 1~4차 산업이 모두 가능한 튼튼한 기업이 될 수 있다는 게 나의 청사진이었다. 실제로 어느 정도 뼈대까지 만들어놓기도 했다.

이제 본격적으로 확장하고 기업화하면 되는 시점인데, 나는 회의감이 들었다. '상상한 대로 일이 잘 풀려서 대기업이 되면 뭐가 좋지?'라는 질문에 스스로 대답하지 못했기 때문이다. 솔직히 말해보자면, 지금보다 더 큰 책임과 더 뜨거운 열정과 더 많은 시간을 할애해야 할 게 분명한데 그 힘든 길을 꼭 가야 할까 싶었다.

첫 번째 매장을 오픈할 때에는 직원들에게 외식업으로 정상에 오르는 꿈을 보여주며 함께하자고 했다. 나와 함께하는 거라면 도전해보고 싶던 그들의 말은 내가 힘들 때마다 되새기는 주문이 되었다.

그런데 막상 하다 보니 모순이 느껴졌다. '대체 언제까지 이렇게 힘들게만 일해야 하느냐'는 질문에 답을 못했기 때문이다. 내가, 그리고 서로가 해줄 수 있는 말은 조금만 더 참자는 것뿐이었는데, 뭔가 잘못되었다고 느꼈지만 그렇다고 딱히 해답도 없었다. 고생 끝에 낙이 온다는 믿음 하나로 다들 버티고 있었지만 솔직히 나는 '이제부터 시작인데', '나도 지금 어디쯤 와 있는지 모르겠다'는 생각밖에 들지 않았다.

마음이 조급해져서 속도를 내보기로 했다. 재정적으로 무리하면서까지 매장을 확장시켰다. 속도가 빨라지면 목표에 조금이나마 빨리 도달하지 않을까 하는 마음에서였는데 오히려 역효과가 나서 직원들만 더 힘들어질 뿐이었다. 그들을 보며 오히려 속도를 조절하는 게 맞다는 생각이 들었지만, 동시에 답답해지기도 했다. 이래서야 고생이 끝나기는 하겠나 싶었다. 그렇게 엎치락뒤치락하고 나서야 무언가 잘못됐다는 확신이 섰고, 문제점도 눈에 들어왔다.

우리는 성장통을 앓고 있었던 것이다. 당시 우리는 일개 골목식당을 여러 개의 매장으로 확장하는 과정을 거쳐 회사로 발돋움하기 위해 관리자 중심 체제를 갖춰야 하는 시점이었다. 그런데 '관리자'와 '창업공신'은 엄연히 다르고 보상도 '공신'의 대우로 끝났어야 하는데, '공신'을 '관리자'로 대우하면서 어긋나기 시작했던 것이다.

'이쯤 했으니 좀 쉬어가야지.'

'그동안 고생했으니까 이제는 일하지 않아도 돼.'

'회사'가 되기 위해 나아가려면 본격적으로 더 열심히 해야 했고, 공신들도 기존 역할과는 다르게 업그레이드된 모습으로 일해줘야 했다. 하지만 그들과 나는 생각이 달랐다. 공신들은 그동안 고생했으니 당연히 더 많은 돈을 받아야 하고 일은 더 적게 해야 한다고 여겼다. 어쩔 수 없이 나는 결별 수순을 밟았다. 그들과 헤어진 후 나는 그동안 내가 뭘 놓치고 있었는지를 뼈저리게 깨달을 수 있었다.

나의 동기부여가 잘못되었던 것이다.

식당에서 일하는 것 자체에 자부심을 갖게 했어야 했는데, 그걸 못했다. 설거지하는 일, 음식 나르는 일, 손님 시중을 드는 일은 부끄러운 게 맞다고 여기고 나중을 기약하게끔 만들었다. 나의 동기부여란, 지금은 비록 이런 일을 하고 있지만 언젠가는 대단한 사람이 되어서 '나 그때 이런 밑바닥에서도 버텼어'라고 회상할 수 있게끔 하자는 식이었다. 그래서 '언젠가는 돈도 많이 벌어서 떵떵거리며 살자'고 자극하곤 했다.

그게 아니라, 지금 당장 하고 있는 일에 자부심을 부여했어야 했다. 손님을 맞이하는 일이, 음식을 서브하는 일이, 음식을 준비하는 일이 얼마나 귀한 일인지 알려주었어야 했다. 그랬다면 그때를 '견뎌야 할' 순간으로 여기지 않았을 것이다.

이 사실을 깨달은 건 아끼던 친구들을 이미 잃고 한참이나 지난 후였다. 나 스스로도 깨닫지 못하고 있었으니 당시로서는 어쩔 수가 없었다.

이 대답은 '정말 상상한 대로 일이 잘 풀려서 대기업이 되면 뭐가 좋지?'라는 질문에 답을 찾다가 얻은 결론이다. 대기업이 되고 말고는 중요한 게 아닌 것 같았다. 본질적인 답을 찾다 보니 그랬다. 나는 식당일을 하는 사람이고, 맛있는 음식을 손님에게 내는 일을 하고 있다. 거기에만 충실하면 되는 건데, 대기업이 되는 일이 충실함에 큰 영향을 미칠 것 같지는 않았다.

결국 나의 일인 '맛있는 음식을 내는 것'에서부터 답을 찾아야 했다. 다양한 퍼포먼스를 뽐내고 싶었다. 손님들이 즐거워할 만한 다양한 테마를 구현하면서 음식을 즐길 수 있는 여러 가지 형태를 연출해보고 싶다는 생각을 했다. 그렇게 된다면 과정에서부터 자부심을 느끼고 자아실현을 할 수도 있을 것 같다. 이 방면에서 장인, 아티스트가 되는 게 나의 목표다.

'자존감'은 서비스업에서 몹시 중요한 단어다. 앞에 했던 이야기들도 모두 자존감과 연결되어 있다.

나의 자존감이 높아지면서 깨달았던 사실은, 자존감이 낮을수록 분수에 맞지 않게 이상만 높다는 것이다. 현실의 자신이 초라하니 높은 이상으로 그것을 극복하고 싶어 하기 때문이다. 물론 긍정적인 면도 있지만, 이상에 취하는 순간 현재의 자신이 초라해 보여서 힘들어지는 부정적인 측면이 더 강하다.

서비스업에 종사하는 많은 사람들에게 결여되어 있는 것이 바로 이 자존감이다. 왠지 손님들이 나를 무시하는 것 같아서 더 틱틱거리거나, 일을 건성으로 하다가 컴플레인에 시달리기도 한다. 자존감이 낮은 탓에 손님들을 환하게 맞이해주거나 친절하게 대해주는 일을 무릎 꿇는 거라고 생각하는 사람도 있다.

나는 외식업에 종사하는 사람들의 자존감을 회복해주고 싶다. 우리가 충분히 존중받아 마땅한 사람들이며 나아가 존경받아 마땅한 사람들이라는 용기를 심어주고 싶고, 또 많은 사람들에게 인식시켜주고 싶다. 식당에 들어갔을 때 자부심 넘치고 프로페셔널한 직원들이 있는 광경은 상상만 해도 근사하지 않은가?

　일류기업을 만드는 꿈은 서랍 속에 고이 간직하기로 했다. 언젠가 꺼내어 펼쳐볼 수 있을지는 알 수 없지만, 대신에 일류직원들을 만드는 꿈은 반드시 이뤄볼 것이다. 일류직원들이 있고, 일류손님들이 오는 식당이라면 그게 진짜 성공한 일류식당일 거라고 믿어 의심치 않는다.

많은 것들을 해봤다. 컨설팅, 셰프 초빙, 개발팀 등등. 하지만 가장 효력이 있는 건 엄마 혹은 할머니, 고모, 이모 등 누군가의 레시피다.

직원들의 식사도 눈여겨봐야 한다. 터지는 메뉴가 거기에 있다. 치즈닭갈비 먹는 방법, 체다치즈 사리, 제육에 들어가는 김치 등등. 특히 이모들의 노하우는 아주 소중한 레시피가 될 수 있다.

이모들을 그냥 일 시키는 사람으로 두지 말고 스스로를 쓸모 있는 사람으로 느끼게 하자. 수십 년 살아온 경험으로 만들어낸 필살기 한두 개쯤 반드시 있다. 내놓지 않을 뿐.

하나를 바꾸면, 그것을 바꿔서 뭐가 변했는지를 분석하고 결과물을 내놓아야 한다.

물을 꺼내놓기로 했다면 그것이 가져올 효율과 손님의 반응을 관찰해서 정확한 수치로 결과를 도출한 후 문서화하고 공유해야 한다.

레시피를 바꿨다면 맛의 변화에 따른 손님들의 만족도를 눈여겨보고 그 반응을 기록·공유해야 한다. 과정상의 편리함이나 코스트 변화 또한 마찬가지다.

직원에게 작은 일 하나를 맡기더라도 끝까지 책임지고 결과물을 얻게 해야만 제대로 일을 시켰다고 할 수 있다.

직원들에게는 항상 가게가 활성화되어 있다는 믿음을 주어야 한다. 회사가 끊임없이 환경을 개선하려 하고 관리하고 있다는 생각이 들도록 해야 한다. 보호받는다고, 케어받는다고, 관심 받고 있다고 느껴야 흔들리지 않는다. 매장과 직원들이 제자리걸음한다는 인상을 주어서는 안 된다.

케이크 선물을 받고 몇 분간 들떠서 기분 좋아 하다가, 이내 자세를 고치고 호흡을 가다듬었다.

매번 날 짓누르던 책임감, 부담감, 의무감을 내려놓지도 못한 채 허위허위 짊어지고 살았는데, 이제는 오히려 '누릴 수 있는 권리'라고 생각을 바꿨다.

'좋은 책임감을 갖고 싶다. 우리 식구들이 잘될 수 있게 도움을 주고 싶다. 이 사람들이 자부심을 가질 정도로 잘하고 싶다'는 마음. 그리고 무엇보다도, 함께한 것만으로도 영광이었다고 서로가 기억할 수 있다면 그걸로 된 거다.

명절 스케줄을 잡고 있다. 남들 쉴 때, 남들 밥 먹을 때 못 쉬고 못 먹고 그 시간을 빛나게 해줘야 하는 직업. 그렇지만 이건 손님들이 절대 알아주지 않는 부분이다. 그래서 내가 그런 감정을 잘 어루만져 줘야 한다.

언젠가 우리가 손님들에게 어느 정도 영향력을 행사할 수 있게, 외식업 종사자들이 존중받을 수 있게 만들고 싶다. 나아가 존경받는 대상이 되도록 하고 싶다. 음식을 만들고 서브하는 일은 그럴 만한 가치가 있다.

일을
이끄는
마음

성공확률은 오히려 모든 걸 걸지 않았을 때 올라간다.

언제나 다른 길과 다른 가능성이 있다.

그 중간 어느 길목에서 언제든 다시 선택할 수 있다.

아니, 다시 선택해야 한다.

많은 시도와 실패의 총합 속에서,

끝내 옳은 선택을 한 것이 되게끔 만든다면 진짜 성공이다.

프랜차이즈화를 고민할 때
해봐야 할 질문들

　외식업을 시작하기 전부터 내가 꿈꾸었던 그림은 프랜차이즈 사업이었다. 물론 처음에는 몹시 어설퍼서 첫 매장 하나 운영하는 것도 삐걱였지만 그래도 프랜차이즈를 위한 걸음걸음이라고 생각했다.

　지금 생각해보면 첫 매장은 엉망 그 자체였다. 메뉴판도 없어서 캔버스에 사인펜으로 그린 게 전부였고(나는 그런 감성을 좋아했다) 메뉴도 심하게 단조로웠다. 술 먹는 사람을 위한 배려도 없었고(내가 술을 안 마시니 알 턱이 없었다), 매뉴얼이나 시스템이라곤 눈곱만큼도 찾아볼 수 없었다.

　끝끝내 장사를 잘되게 만들긴 했지만, 사실 그건 '무릎 꿇어서라도 손님을 만족시켜야 한다' 혹은 '영혼을 팔아서라도 이 가게를 지켜내고 싶다'라는 간절한 마음가짐으로 만든 결과였을 뿐 '프랜차

　　　　　　　　　　　　세 번째 생각. 일을 이끄는 마음

이즈'와는 거리가 멀었다. 말 그대로 '어떻게든'밖에 안 됐다.

장사에 뛰어들기 전부터 프랜차이즈를 공부했던 나는 이런 생각이 들었다.

'본점도 이렇게 버벅대는 브랜드로 어떻게 프랜차이즈를 만들어서 가맹점주들을 성공시켜줄 수 있을까? 이건 불가능한 것 같다. 매장만 오픈하면 알아서 잘되는 브랜드를 만들거나, 아니면 장사가 안되던 매장도 잘되게 만드는 비장의 무기가 필요하다.'

나는 장사보다는 브랜드 관점에서 생각하는 경우가 많았고, 그때도 그랬다. 나는 어떻게든 장사 잘되는 곳으로 만든 내 매장을 관찰하다가 결국 이렇게 선언했다.

"이 매장은 프랜차이즈로 만들 수 없다."

사실 그 매장을 잘되게 만든 건 서비스가 8할이었다. 앞에 언급했던 것처럼, 무릎을 꿇어서라도 손님을 만족시키겠다는 마음가짐 덕분이었다. 우리는 종종 우스갯소리로, 헤드락을 걸거나 가둬서라도 만족했다는 말을 듣고야 말겠다고 하곤 했다.

첫 매장에서는 이런 일도 있었다. 알바생의 큰 실수로 고래고래 소리를 지르고 쌍욕을 하면서 물건을 집어던지던 손님이 있었는데, 나는 끝끝내 그 손님이 대만족해서 나가게끔 만들었고 그 손님은 아주 자주 오는 단골손님이 되었다. 이야기를 풀어보자면 이렇다. 유난히 바빠서 주문이 밀렸던 그날, 손님이 가족과 함께 가게를 찾아왔다. 그는 음식이 계속 늦어지자 기분이 상하고 말았는데, 하필 알바생이 실수하는 바람에 그 손님의 음식이 다른 테이블에 먼저 나가고 만 것이다. 손님은 대폭발해서 난리가 났고, 자기를 우롱했고 무시했다며(좀 생뚱맞은 열등감 폭발이 아니었나 한다) 물건을 집어던지기 시작했다. 아무리 사과하고 사정해도 손님이 과하다 싶을 정도로 폭력적으로 나오니 알바생은 겁이 나서 울기만 할 뿐이었다. 결국 내가 그 손님을 전담하기로 했다. 나는 불덩이 같은 그 손님에게 시작부터 용서해달라고 하는 건 효과가 없을 거라고 보고, 한 번 가고 두 번 가고 세 번 네 번 다가가기로 했다. 아무 이유 없이 부근에서 얼쩡거리면 당연히 욕먹으니까 물이라도 채워주고, 반찬이라도 채워주고, 접시라도 갈아주면서 계속 '신경 쓰고 있다, 죄송해하고 있다, 용서를 구한다'는 나의 진심을 전달하려 애썼다. 결국 손님은 내게 미안하다는 말을 건넸고, 나갈 때는 내 두 손을 꼭 잡으며 자주 오겠노라고 말했다.

나는 진심을 다했을 뿐이다. 처음 내 손으로 가게 문을 열고 오지 않는 손님을 하염없이 기다리던 때, 한참을 기다려 들어온 팀이 그날 손님의 전부이던 때가 있었다. 그렇게 귀한 손님을 놓칠 수가 없어서 그 손님을 반드시 다시 오게 만들려고 어떻게든 노력했던 기억이 난다. 비록 화를 냈을지언정 이 손님도 마찬가지다. 그렇게 귀한 손님인데 우리가 일부러 기분 나쁘게 했을 리 없다는 걸 어필하고 싶었다. 원래 우리 가게가 그렇게까지 바쁘지는 않은데, 오늘 갑자기 바빠진 탓에 적응하지 못해 실수했을 뿐이니 이해해달라고 했다. 그

　　　　　　　　　　　　세 번째 생각, 일을 이끄는 마음

런 솔직한 마음이 전해지니 엄청나게 열받았던 손님도 이해를 해주었다.

첫 매장은 이렇게 한 팀 한 팀씩 스토리가 쌓여 만들어진 가게였다. 죽기 전에 꼭 먹어야 할 맛이거나 디자인이 훌륭해서 잘된 매장은 전혀 아니었기 때문에 프랜차이즈가 불가능하다는 결론을 내렸던 것이다.

두 번째 매장을 오픈했던 이유는 사실 거기에 있었다. 못다 이룬 프랜차이즈 모델을 만들기 위해.

첫 번째는 연습이었다고 치고, 두 번째 매장은 컨트롤에 중점을 두었다. 매장 크기도 줄이고, 메뉴 구성도 간단하게 해서 내가 관리하기 쉽게끔 만들었다.

이번 매장은 야채곱창을 메인메뉴로 하고 사이드는 계란찜 정도, 그리고 마지막에 밥을 볶아먹고 마무리하게끔 했다. 동선도 짧게 만들었다. 무엇보다도 너무 친절하게 응대하지 않으려고 했다. 조금 무뚝뚝한 가맹점주여도 성공해야 했으니까.

그런대로 장사가 되기는 됐다. 아주 잘된 건 아니지만 초반부터 적자는 아니었다. 시간이 쌓이면서 나는 손님들에게 조금 무뚝뚝한 캐릭터로 받아들여졌고 서로 정도 들었다. 말하자면 손님들이 '츤데레' 같은 매력을 좋아해준 것이다. 감사했지만 내 입장에서는 곤란할 수밖에 없었다. 메뉴로만 승부를 봐야 했는데, 브랜드로 승부가 나야 하는 건데 또다시 '사람'과 '서비스'에 초점이 맞춰진 것이다. 같은 상황이 반복되는 느낌이었다.

그러던 어느 날, 점심메뉴가 필요하다고 판단해 이런저런 시도와 고민을 거듭하다 닭갈비를 판매하기 시작했다. 일단 시도해보자며 어설프게 던진 아이템인데 그게 제대로 통해서 완전히 터지고 말았다. 사실 나는 닭갈비가 그렇게 잘될 줄은 몰랐고, 오히려 내심 실패하기를 바라고 있었다. 곱창집 프랜차이즈를 해야 하는데 닭갈비라는 생뚱맞은 메뉴가 히트해버리면 안 될 것 같아서였다.

하지만 어쨌거나 매출이 올라가고 손님이 늘고 돈도 들어오기 시작하니 좋긴 좋았다. 생각도 바꿔먹었다. 곱창으로만 승부를 보겠다고 고집부릴 이유는 없지 않은가? 닭갈비로 성공하는 것도 좋겠다고 생각했다. 게다가 닭갈비는 곱창보다 프랜차이즈 사업을 하기가 더 좋았다. 곱창은 호불호가 강한 음식이기 때문이다.

가령 A, B, C, D 4명이 우리 가게 앞을 지나가고 있다. 간판을 본 A가 "우리 곱창 먹을래?"라고 제안하고 B와 C가 "어, 나 곱창 너무 좋아", "대박! 곱창 고고씽" 하며 우리 가게로 들어오려고 발을 멈췄는데, D가 갑자기 "나는 곱창 못 먹는데"라고 찬물을 끼얹는다. 결국 4명 모두 놓치고 만다.

물론 좋은 점도 있다. 호불호가 강한 만큼 단골들의 충성도는 엄청 높아서, 한번 매출이 형성되면 비가 오나 눈이 오나 큰 흔들림이 없었다. 마니아들에게 곱창이란 주기적으로 먹어줘야 하는 음식이고, 먹으러 간다면 자신의 단골집에 가야 하는 아이템이다.

세 번째 생각, 일을 이끄는 마음

반면 닭갈비는 만만하게 대중적인 음식이다.

"딱히 먹을 것도 없는데 닭갈비나 먹을까?"라고 누군가가 한마디 하면, 별 감흥 없어도 따라 들어와서 같이 먹을 수 있다. 엄청 좋아해서 먹는다기보다는, 싫지 않은 만만한 음식. 그래서 날씨에 따라 매출이 요동치는 아이템이기도 하다.

결국 닭갈비로 프랜차이즈 사업을 하자는 결심이 섰다. 이번엔 돈도 좀 벌어놓았으니 과감하게 방배동 6차선 대로변에 매장을 계약했다. 횡단보도가 바로 앞에 있고 코너 자리여서 노출도 잘됐다. 처음으로 '도면'을 그렸고 우리만의 디자인이 있는 인테리어도 했다. 로고도 간판 사장님께 부탁드리는 게 아니라 디자이너에게 맡겨서 만들었다.

우여곡절 끝에 일도씨닭갈비 본점 매장을 오픈했다. 문을 열자마자 사람들이 파도처럼 밀려들었다. 홍보도, 이벤트도 없었고 서비스 때문도 아니었다. 아이템 자체만을 보고 그렇게 몰려와준 것이다. 이건 프랜차이즈 각이었다!

심지어 가맹문의도 폭주했다. 양재동에 건물을 가진 건물주부터, 우리 매장에서 일을 배워서 분점을 내고 싶다는 직원까지 다양한 사람들이 연락해왔다.

꾸준히 발걸음을 내디뎠던 가맹사업이 본격적으로 시작되는 순간이었다. 당장 하겠다는 사람이 수십 명이니 마음만 먹으면 얼마든지 가맹점을 열 수 있었다. 바로 다음 작업에 착수했다. 맨 처음은 소스 유통망이었다. 대기업에서 우리 소스를 제조하고 유통해주는 방식을 알아보았는데, 여기서 큰 문제가 생겼다. 제조 유통과정에서 변질에 따른 리스크를 우려하는 공장들이 우리 방식의 소스 제조를 거부했던 것이다.

나는 소스를 멸균처리하는 걸 싫어했다. 처음에 음식을 마늘과 생강과 양파 등의 재료를 갈아 넣고 간장 등으로 간을 맞춰 만드는 거라고 배웠는데, 제조공장에서 만드는 건 이야기가 달랐다. 마늘분말과 생강분말, 양파분말과 더불어 '화학기호'로 된 것들을 첨가하면서 맛을 내야 한다고 했다. 말 그대로 '조미', 즉 맛을 과학으로 만들어내는 방식이었다.

실제로 한입 맛보면 구분하기 힘들 만큼 비슷했는데, 그래도 나는 공장의 방식을 따를 수 없었다. 80~90% 정도를 구현해낸다고는 하지만, 정작 중요한 건 그 안에 없었다. '풍미' 말이다.

우리는 늘 마늘이나 양파를 많이 먹으면 냄새가 날까 봐 조심스러워한다. 양치질을 하고 껌을 씹어도 몸속에서부터 스멀스멀 올라오는 냄새는 잡을 도리가 없다. 거꾸로 생각해보면, 마늘과 양파를 먹으면 나는 못 맡아도 은연중에 계속 냄새가 남아서 내 안에 오랫동안 맴돈다는 이야기다. 나는 그걸 다른 말로 '여운'이라고 부른다.

여운이 길게 남을수록 나도 모르게 '또 먹고 싶다'고 생각할 확률이 올라간다. 먹는 순간에는 똑같이 '맛있어'라고 느낄 수 있으나,

'또 생각나'라는 건 맛있다는 것과는 다른 이야기다.

진짜 마늘과 생강이 주는 풍미는 화학식으로는 표현할 수 없을 거라는 생각에 결국 제조공장과의 작업은 포기했다. 아직은 직접 만들어야 하는구나, 유통하기까지는 더 고민이 필요하겠다는 생각이 들어 프랜차이즈 사업은 당분간 보류하기로 했다. 지금 알게 된 문제에 대해 제대로 된 해법을 찾아내야 했다. 또한 1~2년 장사하고 접을 게 아니므로 유통 문제가 해결될 동안 적어도 사계절은 장사하면서 통계라도 내봐야 가맹점주가 질문했을 때 대답을 해줄 수 있을 것 같았다.

그때 그 기세로 프랜차이즈 사업을 바로 전개했으면 우리의 비즈니스가 어떻게 흘러갔을지는 알 수 없다. 엄청나게 성공해 큰돈을 벌었을 수도 있고, 이도저도 되지 않아서 사업을 접었을 수도 있다. 어쨌든 나는 숙제를 매끄럽게 마치지 못했다는 핑계로 1년을 더 장사해보기로 했는데, 그 과정에서 나의 장사와 프랜차이즈 사업에는 거리가 있음을 깨닫게 되었다.

프랜차이즈 사업은 '시스템'을 판매한다. 로고와 인테리어, 매장 포스터나 기타 디자인물, 냅킨부터 접시까지 본사가 설계해놓은 '매뉴얼'을 가맹점주가 돈을 지불하고 구매하는 것이다. 특히 외식업 프랜차이즈의 경우에는 항상 일정한 식재료와 음식을 판매할 수 있도록 해주어야 하고 계절마다 새로운 시즌메뉴나 신메뉴를 개발해야 하며, 부진한 매장이 있으면 원인을 분석해서 극복할 수 있는 솔루션을 제시할 수 있어야 한다.

많은 프랜차이즈 본사들이 그런 것들을 전혀 갖추지 않은 채 우선 사업을 시작해서 초기 가맹점주로부터 창출한 수익과 경험을 토대로 매뉴얼을 만든다. 부족하면 부족한 대로 가맹점주의 경험을 밑거름 삼아 채워가고, 기성품 같은 매뉴얼을 그때그때 구매해오거나 컨설팅을 받기도 한다. 나도 대충 매뉴얼을 만들어서 진행할 수도 있었지만 그러고 싶지 않았다.

우선 나는 경험을 토대로, 나의 장사력에 확신을 가지고 매장을 운영하기 시작했다.

우선 '신메뉴'와 '점심메뉴'는 없다고 선언했다. 손님의 니즈가 없던 것도 아니었고 직원들의 건의도 있었지만 내 직감을 믿고 싶었다. 많은 사람들이 여름에는 시원한 국수 같은 메뉴가 필요하다고 건의했지만 좁은 주방에 일거리를 더 늘렸다가는 주방직원들이 과부하가 걸릴 게 분명했다. 김치도 제공하지 않았다. 애초에 나부터가 좋은 재료 듬뿍 넣은 김장김치를 늘 먹는 사람이라 식당에서 흔히 나오는 중국산 김치에 젓가락을 대지 않았기 때문이다. 나도 손대지 않는 중국산 김치를 손님에게 내고 싶지는 않았고, 그렇다고 중국산보다 4배는 비싼 국산 김치에 비용을 쓰는 모험을 할 수는 없었다. 그 정도 비용은 음식가격에 영향을 미치게 되고 그 부담은 손님들이 져야 하는데, 당연히 손님들은 싫어할 게 분명했고 그만큼 우리도 경쟁력을 잃게 되니 말이다.

이렇게 하나씩 놓고 보니 나는 프랜차이즈 사업과 굉장히 거리가 먼 성향이었다. 중국산 재료도 좋은 건 충분히 좋은데도 나는 국내산을 고집했고, 특히 고춧가루는 나의 자존심처럼 지켰다. 소스도 공장형 소스를 쓰면 가격을 3분의 1 이하로 낮출 수 있는데도 타협하지 않았다. 닭고기도 냉동을 쓰는 게 싫었다. 일반적인 프랜차이즈 브랜드와는 다른, 어느 정도의 프리미엄을 유지하고 싶었다. 결국 가격대가 다소 높게 형성될 수밖에 없었으니, 이리 뜯어보고 저리 뜯어봐도 프랜차이즈와는 거리가 멀었다.

심도 있게 생각해봤다. 계속 프랜차이즈를 향해 달려왔는데, 이제 진행만 하면 되는데 나는 왜 이렇게 망설이나. 처음 열었던 가게, 그다음에 열었던 가게에서 장사한 경험이 나의 무엇을 바꾸어놓은 건가.

심사숙고 후 나는 어렵게 결론을 내렸다.

'맛집'이 되자.

프랜차이즈 브랜드가 아니라, 그 지역에서 사랑받는 우리 동네 '맛집'으로 포지셔닝하자고 말이다.

매장에 덕지덕지 디자인물 붙이는 것도 싫어하고, 재료에도 괜히 자존심이나 세우고, 메뉴 구성도 답답할 정도로 고집부리고, 그 와중에 '친절함'까지 잃지 않아야 하는데 그걸 사업으로 만들겠다는 건 모순이었다.

꿈을 향해 달려가는 와중에도 자기 자신에게 끊임없이 질문할 필요가 있다. 크게 저지르고 나서야 그것이 나와 맞지 않다는 사실을 깨달을 때가 많기 때문에, 내가 정말 좋아하고 원하는 것을 늘 되묻고 깨달아야 '수업료'가 적게 나간다.

어쨌든 나는 그때 결심을 했다. 나는 사업가가 될 수 있는 그릇은 아닌 것 같고, 지금 당장 내가 운영하는 매장에 충실한 '장사' 타입이라고, 차라리 장사를 예술적으로 잘해보자고 말이다.

현재 외식업을 바라보는 나의 관점도 마찬가지다. 모든 비즈니스는 브랜드를 향해 달려가야 하지만, 그렇다고 모든 브랜드가 사업적이고 시스템적인 것만은 아니다. 손님들은 브랜드 전체를 소비하러 온 것처럼 보여도 결국엔 당장 내 입에 들어오는 닭갈비 한 점만으로 브랜드를 평가하거나, 컵이나 접시에 묻은 이물질로 채점을 끝내기도 한다. 서버 한 명이 내게 친절하게, 또는 불친절하게 대하는 걸로도 가게에 대한 생각이 바뀐다.

브랜드, 특정 메뉴, 아이템, 좋은 자리가 손님을 끌어들일 수는 있다. 하지만 끌어들인 손님을 계속 오도록 만드는 것은 그 매장의 주인장이다. 주인장이 함께하는 스태프를 어떻게 이끄는지, 손님들에게 계속해서 만족감을 줄 수 있는지에서 승부가 갈린다.

'이 가게가 있어서
정말 좋다'

"형님, 연매출 얼마 정도 돼요?"

"글쎄, 작년에 1500억 좀 못 팔았을걸?"

고기집 하는 형님과 나눴던 대화다. 평소 모습은 촌스러운 동네 형 같은데 매출이 그렇게 나온다니, 나로서는 입이 떡 벌어질 수밖에 없었다. 당시 나는 연매출 10억 원도 올리지 못하고 있어서, 그 숫자가 얼마나 큰지 체감조차 못했다(지금도 잘 못하지만).

그 형님을 비롯해 수수한(?) 외식업 선배들은 맨날 내게 "형 좀 많이 가르쳐달라"고 하곤 했다. 덕분에 나는 그분들을 크게 어려워하지 않고 편하게 대화를 나눌 수 있었다.

그렇게 높은 매출을 올리면서도 까마득한 후배에게 뭐라도 배우려는 마음가짐도 대단하지만, 무엇보다 형님들은 나와 친해지려고 무게감도 내려놓고 다가와 주었다. 어린 나는 그것도 모르고 함부로 이게 문제다 저게 문제다 지껄이곤 했는데, 그 순간들을 생각하면 두고두고 이불킥하고 싶다.

'매출.'

매출에 집착하는 음식점 오너들이 꽤 있다. 매출로 은근히 서열이 정해지기도 할 정도다. 나는 외식업 새내기 때부터 '매출 끝판왕' 들과 지내왔기 때문에 그들과 겨뤄보겠다는 건 꿈도 못 꿔봤고, 그 대신 매출보다 훨씬 중요한 것이 있다는 사실은 일찌감치 배울 수 있었다.

'브랜딩.'

브랜드 디자인을 말하는 게 아니다. 브랜드가 되어가는 과정, 즉 'Brand+ing'의 이야기다. 그냥 브랜딩 말고 사랑받는 브랜딩, 존중-존경받는 브랜딩, 오랫동안 지속 가능한 브랜딩 말이다.

닭갈비를 팔더라도

'이 가게가 있어서 정말 좋다',

'문 닫지 않았으면 좋겠다',

'유명해지지 않았으면 좋겠다',

이런 마음을 손님들에게 각인시키는 것이 매출 몇 백억보다 값어치 있다.

매출 끝판왕들의 해소되지 않은 갈증을 보며 나는 일찌감치 매출왕은 포기했다. 거기엔 이미 고수가 너무 많다.

세 번째 생각. 일을 이끄는 마음

'어떻게 하면 매출을 더 올릴 수 있을까?' 하는 질문은 필요 없다.

'어떻게 하면 손님들을 만족시킬 수 있을까?'

'어떻게 하면 감동시킬 수 있을까?'

이 질문에만 답할 수 있다면 매출뿐 아니라 수익 또한 저절로 따라오게 된다.

손님들의 마음에 나의 마음을 새길 수 있다면, 그것이 바로 수백 수천억 가치의 '브랜딩'이다.

"일도씨는 좋겠다,
  구인이 잘돼서"

"대표님, 광화문 매장 오픈이 임박했는데 인원구성이 아직도 안 되어 있어요. 어떻게 해야 하죠?"

"대표님, 대치동 오픈이 멀지 않았는데 인원 맞추는 게 어려워 보이네요."

오픈 때 인원이 정상적으로 맞춰진 적은 한 번도 없었다. 사람은 잘 뽑히지 않았고, 뽑힌다 하더라도 오픈 때까지 기다려주는 신입직원은 없었다.

인원이 갖춰지지 않아 잠 못 이루는 예민한 직원들은 늘 있기 마련이다. 하지만 나와 함께 몇 차례 매장 오픈을 해본 직원들은 아무 말이 없다. 어떻게 하면 되는지 경험으로 알고 있기 때문이다. 경험이 없는 직원들에게 나는 이렇게 이야기하곤 했다.

"조급해한다고 달라질 것 없다. 오픈할 때가 되면 기적처럼 다 맞춰지게 되어 있다. 설령 맞춰지지 않는다 해도 어떻게든 해나갈 수 있다."

나는 크게 걱정하지 않는다. 광화문점 오픈에 필요한 인원은 20명이 넘었다. 그리고 오픈 일주일 전까지 뽑힌 직원은 딱 두 명이었다. 많은 사람들이 이번엔 문제가 생길 것 같다고 걱정했지만, 결국 우리는 충분한 인원으로 무사히 오픈을 해냈다.

때로는 이론적으로 설명하기 어려운 것들이 있지만, 'Just Do It'이 정답일 때가 있다. 담담하고 침착하게 눈앞의 것들에만 집중하면 뭐든 해결된다.

나는 인원이 없으면 오픈이 안 된다는 그 마음이 가장 큰 문제라고 이야기한다. 오픈이 다가오니 어떻게든 해야겠다는 마음을 먹고 반드시 해결될 것이라는 확신으로 일처리를 해나가면 다 된다.

내 주변에는 실력 있는 외식업 사장님들이 많이 있다. 하지만 그분들도 종종 구인이 겁나서 매장을 늘리지 못한다고 한다. 어떻게 일도씨는 인원 문제를 겪지 않고 매장을 여냐기에 나의 비법을 알려주었지만, 그분은 끝끝내 저지르지 못하고 있다. 한 번은 나에게 이런 한탄을 하기도 했다.

"일도씨패밀리는 좋겠다. 구인이 잘돼서. 우리는 사람 구하는 게 너무 힘들어."

"혹시 구인은 어떤 식으로 하고 계세요?"

"그냥 벼룩시장에 광고하고, 구인 사이트에 올려놨지."

뉴스에는 하루가 멀다 하고 구직난 이야기가 나오지만 외식업은 구인난에서 벗어날 수가 없다. 적어도 내가 보기에 구직난은 거짓말이다. 일자리는 도처에 깔려 있지만, 좋고 쉬운 일자리를 찾는 사람들의 이야기가 보기 좋게 포장돼 있을 뿐이다.

일도씨패밀리도 구인난에서 자유롭지 못하다. 갑자기 잠수 타서 안 나오는 알바생들은 어떤 그물을 쳐놔도 소용이 없고, 면접 보러 오기로 한 사람이 오지 않을 확률은 90%에 육박한다. 출근하기로 한 사람이 오지 않을 확률과 하루 일하고 안 나올 확률 또한 90%에 수렴하는데, 그 결과 면접을 보고 제대로 출근할 직원을 뽑을 확률은 100명 중에 한 명이 될까 말까다.

초반에는 흡사 사막에서 우물을 찾는 마음이었다. 어쩌다 발견한 그 우물에서 누군가 샤워를 했다고 해도 마셔야만 살 수 있는 것처럼, 면접 오는 사람이 하도 없으니 누구라도 당장 갖다 써야 하는 상황이었다. 불친절해도, 입이 뚱하니 나와 있어도, 개념이 없어도, 일단 써야 했다.

그때 내가 타협했던 건, 이번 생은 제대로 된 채용은 글렀으니 일단 채용해서 제대로 된 사람으로 만들자는 것이었다. 두 번 세 번 말해서 안 되면 열 번 스무 번 말하고, 그래도 안 되면 백번 이백 번 말해서 끌고 가자고. 그건 어느 정도 효과를 보았다. 영 아닌 사람도 우리가 제대로 하는 모습을 보면 부러워서라도 따라 하게 되었다.

어느 날 성격이 지랄 같던 매니저에게 혼난 알바생들이 매니저를 골탕먹이겠다고 4명이 동시에 잠수를 탄 적이 있다. 물론 골탕 먹은 건 그들과 사이좋았던 나였지만, 어쨌거나 그날 나는 매니저와 둘이 한바탕 고생할 수밖에 없었다. 고생을 하고 보니 너무 괘씸해서 결국 알바생들을 출입금지시켰고, 우리는 최대한 빨리 사람을 구해야 했다. 한 명도 뽑기 어려운 판에 4명을 동시에 구하겠다고? 대체 무슨 수로?

그때 나는 무슨 수를 써서라도 구인을 해야 한다고 총동원령을 내렸고, 불과 이틀 만에 50명의 면접을 보고 가장 마음에 드는 사람들을 채용하는 쾌거를 이루었다.

'무슨 수를 써서라도'는 내가 외식업을 하면서 효과를 본 가장 강력한 무기 중 하나다. 미아동 골목에 있는 작은 식당 주제에 구인 사이트 메인에 광고를 띄웠고, 덕분에 지방에 있는 친구들까지 면접장으로 부를 수 있었다.

그때 내가 깨달은 건, 구인이 어렵다 어렵다 하면서 정작 구인을 제대로 하지 않았다는 것이다. 구직자가 좋은 일자리를 찾고 싶어 하는 건 당연한 마음인데, 나는 그냥 투덜거리기만 했지 사람들에게 '우리에게 좋은 일자리가 있어요'라고 전달하려는 노력을 충분히 하지 않았다. 그 후부터는 구인 채널을 다양화했고, 비용도 많이 지불하는 편이다.

주변의 외식업 하시는 분들이 사람 구하는 게 어렵다고 하면 나는 이렇게 되묻는다.

　"어떤 채널로 구인하시는지, 구인에 비용을 얼마나 쓰시는지 한번 체크해보세요. 구인한다고 한 줄 올려놓고 사람이 오길 바라는 건 욕심이에요. 찾는 사람이 성의를 보여야 일하려는 사람들도 그 마음을 읽고 관심을 가질 수 있어요."

처음 온기가
들어오는 순간

　매장 세팅이 완료되면 늘 가장 먼저 하는 일이 있다. 공사해주신 분들께 우리 음식을 대접하는 일이다.

　봄을 코앞에 두고 매장을 오픈하려면 공사는 한겨울에 이루어져야 한다. 불도 제대로 들어오지 않고 따뜻한 온기도 없는 차가운 공간에서 부수고 뚫고 다지고 먼지까지 마셔가며 우리 가게를 만들어준 분들이다. 그냥 지나치고 싶지 않았다.

　색온도 3000K의 조명이 탁 켜진다. 히터 바람에도 데워지지 않던 공간은 주방에서 모락모락 김이 올라오고 사람들이 식사하면서 비로소 따뜻해지기 시작했다. 아직 손에 익지도 않았고 편안하지도 않은 어색한 공간이지만 그렇게 차차 온기를 찾아간다.

　맛있게 식사를 하신 분들은 남은 디테일 작업 내내 눈이 마주칠 때마다 식사 맛있게 했다고, 고맙다는 말을 해주신다. 음식 하나일 뿐인데 그게 뭐라고 이렇게 사람을 따뜻하게 해주는지, 내 마음을 이렇게 뿌듯하게 하는지 모르겠다.

식당일 하길 잘했다고, 이런 맛에 외식업을 한다며 오픈 내내 노래라도 흥얼거리고 싶은 마음이었다. 그렇게 예민하고 정신없는 와중에도 기뻐할 수 있는 여유가 제법 생겼다.

사람을 따뜻하게 해주는 일을 한다. 공간을 따뜻하게 만들고, 시간을 따뜻하게 만든다. 그렇게 세상을 조금 따뜻하게 만드는 일을 한다. 우리는 따뜻한 일도씨패밀리다.

히터 바람에도 데워지지 않던 공간은
주방에서 모락모락 김이 올라오고
사람들이 식사하기 시작하자
비로소 따뜻해지기 시작했다.

모두 예술가가
만든다

　주목받지 못한 아티스트들과 함께했다. 뉴스 기사에 나올 법한 이름난 건축가들이나 디자이너들을 말하는 게 아니다.

　도면을 그리는 사람들, 나무를 다루는 사람들, 공기의 흐름을 조절하는 사람들, 쇠를 깎는 사람들, 불을 넣어주는 사람들, 빛과 전기를 만들어주는 사람들, 페인트칠을 하고, 소리를 다루고, 청소를 하는 사람들. 이들이 모두 예술가다.

　흔히 '노가다'라고 하지만, 그들은 남들이 하지 못하는 영역에서 묵묵히 자신에게 주어진 일을 완성해가는 장인들이다. 그런 사람들이 두 달 넘게 이 공간에 기운을 쏟아붓고 갔으니, 나는 그 기운을 그대로 이어받아서 영업만 하면 된다.

　우리 식당에 오는 손님들은 운이 좋다. 장인들과 예술가들이 혼을 담아 만들어낸 공간에 왔고, 더구나 그곳에서 요리하는 아티스트와 서빙을 하는 아티스트의 음식을 먹을 수 있으니 말이다.

그런 마음으로 일을 하고 있다. 흔한 대중음식집이라고 하지만, 쌀을 씻는 순간에도 닭갈비를 볶는 순간에도 그리고 서빙할 때에도 나는 혼을 담는다. 그래서 우리 음식은 수십만 원짜리 파인다이닝에도 결코 기죽지 않는다.

그런 마음을 원하는 손님들이 많아지고 있다. 이 마음이 음식을 다르게 만든다는 걸 알고 있기 때문이다.

작품과
제품 사이

'이스트빌리지서울' 브랜드를 만들 때 가장 고심했던 것은 '그릇'
이었다.

잘 깨지지 않고 가벼운 멜라민 그릇을 쓸 것인지, 아니면 깨지기
쉽고 무겁지만 그래도 가치 있어 보이는 세라믹 그릇을 쓸 것인지
고민이 많았다. 멜라민 그릇을 유독 싫어하는 사람이 많기도 했고,
매장이 들어서게 될 광화문 서울파이낸스센터의 고객들은 가격을
좀 더 지불하더라도 제대로 된 식사를 하고자 하는 니즈가 강하다
고 판단했기 때문에 세라믹 그릇을 쓰기로 결정했다.

서울과 경기권에 그릇 만드는 곳은 다 뒤지기 시작했다. 이동거리
가 엄청났다. 왕십리 황학동은 말할 것도 없고 판교나 여주, 이천에
있는 도자기 공방은 다 찾아다녔다.

확실히 공방에서 직접 굽는 작가들의 그릇이 예뻤다. 그릇을 하나하나 정성들여 굽는데, 작가만의 고유한 개성이 있다 보니 선택에 여간 고민되는 게 아니었다. 하지만 많이 보다 보니 어느 정도 기준이 섰다.

　첫 번째 기준은 '작품 말고 제품'이었다. 나는 작품을 사고자 하는 게 아니라 영업용으로 써야 했기 때문에 동일한 퀄리티로 많은 양을 생산할 수 있어야 했다. 또 대량생산이 가능한 제품은 확실히 저렴했다. 제품 퀄리티가 떨어진다기보다는 많은 양을 생산할 수 있는 시스템을 구축해 원가절감에 성공한 경우가 많았다.

　작품은 작가가 한 땀 한 땀 만드는 것이고, 제품은 일정한 '틀'을 만들어서 찍어낼 수 있게끔 하는 구조다. 즉 만드는 데 드는 품과 시간의 차이가 금액에 영향을 미치는 것이다. 그래서 공방과 미팅을 할 때마다 작품 말고 '제품'으로 생산이 가능한지를 물었고, 마침내 작품 못지않게 마음에 드는 제품을 쓸 수 있었다.

　'제품'을 이야기하고 다니면서 우리 브랜드에 대해서도 다시 생각해보게 되었다.

　대부분의 브랜드가 '대중음식점'인 우리 회사 또한 작품이 아닌 제품을 생산하는 곳이다. 그런데 '일도씨가 새로운 매장을 오픈했다'고 공지하면 기대하면서 일부러 찾아오는 경우가 꽤 있고, 대부분 그 기대감을 충족하지 못하고 간다. 우리 매장은 철저하게 '동네에서 갈 수 있는 괜찮은 식당'으로 포지셔닝하기 때문에, 멀리서 일부러 찾아오는 사람들에게는 성에 차지 않는 것이다.

가끔은 욕심이 난다. 입이 쩍 벌어질 만큼 근사한 '작품'을 만들어서 멀리서 찾아온 사람들이 '엄지 척' 하게 만들고도 싶다. '작품' 같은 근사한 레스토랑을 만들고 싶은 마음도 없지 않다. 최고의 셰프들이 최상의 재료를 써서 내는 귀한 음식, 보기만 해도 '와우'가 터져 나오는 작품 같은 레스토랑을 만들고 싶다. '김일도가 만들면 다르구나, 늘 작품을 만드는구나' 하는 찬사도 받고 싶다. 아주 멀리서 차를 타고 와도 후회 없을 만한 음식을 만들고 싶다는 갈증이 가시지 않는다. 하지만 하지 않는다. 못하는 게 아니라 안 한다.

나는 대중음식점을 하는 사람이다. '최고의 셰프'가 내는 요리에는 그만큼의 '비용'을 지불해야 한다. '최상의 재료'도 마찬가지다. 그러나 사람들은 대중음식을 소비할 때 '작품'을 기대하지 않는다. 적당한 가격을 지불하고 그 가격에 맞는 맛과 서비스를 제공받고 싶어 한다. 비싼 돈을 주어야 하는 파인다이닝 분자요리나 정장을 입어야 할 것 같은 격식 있는 서비스가 아니다. 그 '적당함'을 잘 파악하고 손님들이 지불한 가격에 비해 높은 퀄리티의 음식과 서비스를 제공하면서 만족도를 이끌어내는 게 내가 추구하는 핵심 경쟁력이다.

대중음식은 작품이 아닌 제품을 뽑아내야 한다.

시스템을 구축해서 최적의 생산체계를 갖추고, 그렇게 절감한 비용으로 손님에게 '이득'을 보는 느낌을 줄 수 있어야 한다.

대중음식점은 손님들이 기대하는 '적당함'을 잘 파악하고
손님이 지불한 가격에 비해 높은 퀄리티의
음식과 서비스를 제공하면서 만족도를 이끌어내야 한다.
이것이 내가 추구하는 핵심 경쟁력이다.

2호점
내야 할까?

매장을 운영하다 보면 어느 시점에는 정체기를 맞게 된다. 매출이 안 나는 건 아니지만 더 이상 오르지도 않고 어정쩡하게 머물러 있다. 식당 경영자들 대부분이 매출을 성적표의 기준으로 잡고 있기 때문에, 매출이 한 지점에 머무르기 시작하면 한계에 도달했다고 생각하기도 하고 매너리즘 비슷한 것에 빠지기도 한다.

정말 거기까지일까? 그 이상으로는 성장할 수 없을까?

사실 해야 할 것들은 아직 무수히 많이 남아 있다.

최적화된 정예멤버가 벌써 갖춰졌을 리도 없고, 메뉴의 완성도나 손님의 만족도가 최상일 리도 없다. 곳곳에 자신의 신념이나 아이덴티티를 표현하지 못한 것투성이다. 매장에서 추구하고 싶었던 것과 손님이 받아들이는 것 사이의 간극이 좁혀지지 않았는데도 그 상

세 번째 생각, 일을 이끄는 마음

태 그대로 머무르는 경우가 많다.

매출의 정체구간을 벗어나려면 이런 부분을 세심하게 다듬어야한다. 하지만 매장에만 있다 보면, 안에서 바깥세상을 쳐다보고 있다 보면 왠지 고립된 것 같은 기분에 자꾸 외부로 시선을 돌리게 된다.

나도 그랬다. 우리 매장은 상권부터 시작해 위치 등 모든 것이 브랜딩하기에 너무 불리한 것 같았다. 그리고 그때는 브랜드가 되려면 매장이 많거나 매출이 높아야 유리하다고들 이야기했기 때문에, 나도 상황만 되면 매장을 늘리고 확장해가는 전략을 펼쳤다.

하지만 지금은 시대가 달라졌다. 사람들은 흔한 것보다 특별한 것에 주목하기 시작했고, 특별함을 위해서라면 먼 곳도 기꺼이 찾아가는 수고를 마다하지 않는다. 게다가 SNS와 '공유'가 일상이 되었기 때문에 숨어 있는 매장이어도 얼마든지 세상의 중심에 설 수 있다.

나 또한 전략적으로 꾸준히 매장을 늘리고 있지만, 사람들이 2호점을 낼지 물어올 때마다 반대하곤 한다. 조금만 더 완성도를 높인 후에 해도 늦지 않다고, 그 영역에서 누구도 따라오지 못할 만큼 독보적으로 브랜드 포지셔닝을 한 뒤 다음 스텝을 밟는 게 더 쉽다고.

이 충고를 따른 사람은 한 번도 보지 못했다. 대부분 다음 매장을 기어코 오픈한 뒤 생고생을 해가며 후회하곤 한다.

외연의 확장을 결정하기 전에 안의 상황을 잘 들여다봐야 한다. 한눈에 다 들여다볼 수 있는 구조를 갖췄는지, 내 손바닥 위에 올려놓고 문제없이 핸들링할 수 있는 상황인지, 지금의 가게가 재무 면에서나 인력 면에서나 흔들림 없는 베이스캠프 역할을 할 수 있는지.

늘 지금이 아니면 안 될 것 같다고 생각한다. 그 조급한 마음이 사업을 망친다.

뿌리를 깊게 박고, 기둥을 단단하게 세우는 데 공을 들여야 한다. 높은 곳을 바라볼수록 아래쪽을 오래 들여다보고 신중하게 나아가야 한다. 오래 가고 싶다면 더욱더 명심해야 할 점이다.

성수기의 일,
비수기의 일

나의 사업은 순탄하게 흘러가고 있다. 성수기에는 정점을 찍고, 비수기에는 숨 고르기에 들어간다. 같은 4월에도 성수기를 누리는 매장과 비수기처럼 텅 비는 매장이 공존한다. 장사 초반에는 그걸 몰라서 발을 동동 구르며 애를 태우기도 했고, 가파른 오르막길에서 속도를 올리느라 힘을 다 써버려 정작 속도를 내야 할 구간에서 퍼져버린 적도 있었다.

순탄하게 흘러간다는 건 늘 잘되고 있다는 말이 아니다. 노하우를 깨달으며 적당히 넘어지기도 하고 다시 일어나 앞으로 나아가기도 하며 배워가고 있다는 뜻이다.

자기 매장의 성수기와 비수기를 구분하는 능력은 중요하다. 비수기에 넋 놓고 가만히 있어도 된다는 뜻은 물론 아니다. 비수기에는 성수기를 준비하고 성수기에는 비수기가 조금이라도 짧아질 수 있도록 힘을 써야 한다. 성수기와 비수기의 차이를 줄일 방법을 찾는 것이다.

예를 들어 12~1월이 성수기라고 해보자. 성수기 전인 10~11월엔 단골손님을 더 확보하면서 12월에 모임을 끌고 오게끔 유도하고, 그렇게 온 12월 손님들을 단골로 만들어서 비수기인 3~4월에도 방문할 수 있도록 장기적인 전략을 세우는 게 좋다.

데이터는 그런 부분에 주로 활용해야 한다. 전년대비, 전전년대비 현재 상황이 어떠한지를 기록하면 다음 해를 대비하는 데 도움이 된다. 이런 데이터는 자세할수록 활용도가 높아진다. 대부분은 포스에 찍힌 매출자료로만 판단하지만, 날씨가 추웠는지 더웠는지 맑았는지 흐렸는지, 비는 얼마나 자주 왔는지, 비가 온 날이 주말이었는지 평일이었는지, 피크시간이 평균 몇 시부터 시작됐는지, 가족고객이 많았는지 연인들이 많았는지 등은 일부러 기록해두지 않으면 알 수 없다.

그렇다고 해서 매 순간 긴장하고 모든 상황을 주시하라는 이야기는 아니다. 닭갈비를 볶을 때도 식재료를 손질하느라 칼질을 할 때도, 숙련도가 높아질수록 힘 빼는 방법을 알게 된다. 힘을 뺄수록 고수가 된다는 말은 어느 분야를 막론하고 다 적용되는 이야기다.

매장을 운영할 때에도 힘을 뺄 줄 알아야 한다. 그래야 아껴둔 힘을 필요한 곳에 쏟아부을 수 있다. 쓸데없는 곳에서 온갖 스트레스

를 다 받는 바람에 정신도 몸도 지쳐서 별일 아닌 일조차 처리해주
지 못하고 숨어버리고 싶지 않다면 말이다.

모든 식당에 통하는
필살기는 없다

식당은 객단가로 분류하기도 한다.

타이완에서 백화점과 미팅할 때는 객단가 1만 원 이하, 5만 원 이하, 10만 원 이상으로 식당을 분류해 업장을 배치하곤 했다.

저렴한 단가는 지하의 푸드코트 쪽에, 3만 원 이하는 5층 부근 식당가, 10만 원 이상은 꼭대기층에서 경치를 보며 먹게끔 했다. 타이완의 백화점 문화는 일본의 영향을 많이 받았는데, 아마 우리나라도 크게 다르지 않을 것이다. 파인다이닝과 다이닝, 캐주얼다이닝 그리고 대중식당쯤으로 분류한다고 보면 되겠다.

나는 크로스오버를 좋아한다. 캐주얼다이닝으로 포지셔닝하면서 대중음식과 파인다이닝 요소를 접목하길 즐긴다. 가끔은 파인다이닝 요소를 곁들여 대중에게 그런 문화를 맛보게 하면서 스스로

세 번째 생각, 일을 이끄는 마음

뿌듯해하기도 한다.

크로스오버가 늘 통하는 건 아니다. 일도씨찜닭의 프렌치에디션을 처음 만들 때는 선배들이 만류했다. 다이닝은 크리스마스와 밸런타인데이에만 손님이 있다는 이유였다. 하지만 나는 끓어오르는 욕망을 억제하지 못해 일을 저질러버렸고, 실제로 어마어마한 적자를 수업료로 지불해야 했다. 1년에 이틀만 장사하는 그 느낌은 말로 표현할 수가 없다. 캐주얼다이닝과 다이닝은 엄연히 다른 것인데, 캐주얼다이닝에서의 크로스오버를 다이닝에도 똑같이 적용했다가 낭패를 보고 말았다.

다이닝에 입장하는 손님과 캐주얼다이닝에 입장하는 손님의 마음가짐은 전혀 다르다. 캐주얼다이닝 손님은 가성비 좋게 적당히 먹을 수 있는 식사를 찾고, 다이닝에는 오늘 한 끼 제대로 즐기고자 하는 사람들이 온다. 한마디로 돈을 쓰려고 오는 손님들이므로 우리도 그에 걸맞은 가치를 제공해야 한다. 그 명제를 양쪽에 동시에 적용하면 오차가 발생할 수밖에 없다. '식당은 이래야 해!'라는 말을 자기 업장에 무턱대고 적용하면 안 되는 이유다.

자신이 뭘 하고 싶은지를 명확히 하는 게 먼저다. 내가 무얼 잘하는지, 어느 영역이 나의 것인지를 파악하고 거기에 맞는 전략을 짜야 한다. 그렇지 않으면 어마어마한 수업료를 지불해야 함을 명심하자.

가장 먼저,
음식

레스토랑의 본질은 무엇일까?

외식업의 본질은 '맛있는 음식을 제공하는 것'이다. 그 안에 모든 답이 다 들어 있다. 컨셉은 당연히 음식이 맛있게 느껴질 수 있게끔 하는 연출과 구성이고, 인테리어 또한 음식에 집중하면 된다.

위생은 맛있는 음식을 먹기 위한 기본요소이고, 서비스 또한 음식을 맛있게 먹도록 해주는 보조도구다. 가격도 어떻게든 '싸게' 만드는 것이 아니라 음식에 비해 만족스러운 가격을 책정하면 수월하다.

로고 디자인부터 테이블과 조명, 직원 유니폼, 가게 명함이나 비품 등 결정해야 할 건 많지만, 모두 '맛있는 음식'에 기준을 맞추면 풀어내기가 쉽다.

하지만 많은 사람들이 이 한 가지 본질을 잠시 잊고 선로를 이탈하곤 한다. 음식에 최적화된 인테리어가 아니라 그냥 어디서 봤던 그럴듯한 인테리어를 따라 한다. 로고나 메뉴판 디자인, 하다못해 전단지를 만들더라도 우리 음식에 맞춰서 해야 하는데 자신의 미적 취향에만 맞추려다 보니 다 만들고 나서 왠지 어색하다고 난감해하는 경우를 많이 본다.

홍대나 강남 혹은 SNS에서 봤던 것, 백화점 패션 브랜드가 쓴 마감재나 색감 등을 분식집에 적용하려다가 멀쩡한 디자이너들을 무능력자로 만드는 오너도 보았다.

우리가 가장 먼저 생각해야 할 건 음식이다. 테이블을 고를 때에도 그릇에 담긴 음식과 잘 어우러질 수 있게 맞추면 되고 조명도 음식을 고려해서 고르면 된다.

그 요소들이 어느 것 하나 과하지도 모자라지도 않도록 적절히 풀어냈을 때 손님들이 편안하게 음식을 먹고 '재방문 의사 있음'이라고 총평을 내리는 것이다. 물론 손님들은 조명이나 테이블을 어떻게 골랐는지 알지 못하고 그 적절함을 위한 노력도 모르지만, 음식을 먹다 보면 무의식중에 느껴지게 돼 있다.

기억하자. 결정 앞에서 머뭇거리다 나의 우유부단함만 실감할 때, 처음 생각과 달리 길을 잃고 헤맨다고 느낄 때, 나의 업의 본질이 무엇인지만 되새기면 된다. 그것만 따라가면 된다.

음식만 잘하면
되는 줄 알았다

아침부터 주방이 분주하다. 어제 손님이 늦게까지 있었던 탓에 마감이 다소 부족했더니 개장 준비와 겹쳐서 할 일이 유독 많았다. 아침을 거르고 나온 게 분명한 셰프의 표정이 좋지 않다. 농담으로 분위기를 띄워보지만 도무지 나아지지 않는다. 주방이모들의 눈치 보는 표정이라도 풀어주고 싶었지만 오히려 나 때문에 더 경직되는 느낌이라 슬쩍 빠졌다.

설상가상, 오늘 하루 일해달라고 부른 주방 도우미가 자기는 못하겠다며 출근한 지 10분 만에 휙 가버렸다. 보내준 인력소개소에 유감을 표하며 급히 다른 사람을 찾아봐 달라고 했지만 보아하니 오늘은 안 될 모양새다. 안 그래도 분위기가 좋지 않은 주방 사람들을 모아 뜬금없이 파이팅을 외쳐본다. 때로는 이런 게 자극이 되어 좋

세 번째 생각, 일을 이끄는 마음

은 결과를 만들기도 하니까.

하필 식자재까지 늦게 왔다. 개장까지 시간이 빠듯하니 서둘러야 한다. 매장에는 아침마다 음료수와 주류, 식자재나 기타 공산품, 택배들까지 물밀 듯이 밀려오지만 빠르게 정리해서 아무 일 없었던 것처럼 원점으로 돌려놓아야 한다.

테이블 열을 맞춘다. 조금이라도 삐뚤어지면 괜히 시작부터 어긋나는 느낌이다. 그런 내 성격을 이미 잘 알고 있는 직원들과, 아직 적응을 못해서 눈치만 보는 직원을 데리고 본격적으로 영업을 시작한다.

남들 밥 먹을 때 밥 짓는 사람들이라 사는 게 좀 다르다. 밥 먹는 시간대나 출퇴근 시간이 다르고, 자는 시간도 다른 편이라 오전에 잔소리하는 게 부담스럽다. 혹여 머리가 뻗쳐 있거나 면도가 깔끔하지 않아도 강하게 지적하기가 좀 미안하다. 그래도 서로 눈치껏 마무리하고 각자 할 일에 착수한다.

손님들에게는 보이지 않는 이야기다. 점심식사도 우리는 대략 3시쯤이나 되어야 시작한다. 그래서 누군가는 아침을 먹고 오기도 하고, 누군가는 가게에서 눈치껏 라면이라도 흡입한 다음에 시작하고, 누군가는 빈속으로 일하기도 한다.

아직 근무 루틴이 완벽하지 않은 20대 직원들은 공복인 채로 일하다가 3시에 첫 끼를 먹는 경우가 많다. 끝나는 시간은 대개 밤 10시인데, 그때는 또 뭘 먹기 애매하니 그냥 배고픈 채로 하루를 마감한다.

그러다 보니 식당일 하는 사람들은 30대 중후반이 넘어야 몸에 무리 없는 식사를 요령껏 하는 방법을 배운다. 이 일이 참 그렇다.

대부분의 미팅은 오후에 잡는다. 3~5시 사이가 가장 좋다. 특히 나는 마케팅 업체들과의 미팅이 많은 편이었다. 식당일과는 거리가 멀어 보여도 사실 가장 중요한 부분이다. 마케팅이란 게 참 개념이 모호한데, 내가 만나는 업체들은 대부분 '홍보' 관련인 경우가 많다.

디자인 미팅도 종종 있다. 메뉴판부터 시작해서, 도무지 글이라곤 읽지 않는 것 같은 손님들에게 우리의 진정성을 조금이라도 알리고자 이곳저곳 걸어놓는 포스터 등의 디자인을 의뢰하는 미팅이다. 밖으로 나가서 다른 식당은 어떻게 하고 있는지, 강남이나 홍대에선 어떤 디자인이 유행하는지 벤치마킹하기도 한다.

노무와 재무에도 시간을 많이 할애해야 한다. 노무는 4대보험부터 일용직 신고, 직원급여와 알바비까지 꼼꼼하게 계산한다. 아무래도 사람 일이라 같은 정보를 두고도 서로 다르게 해석하고 받아들일 가능성이 있기 때문에 유난히 신경이 많이 쓰인다. 재무는 갈수록 어려워진다. 특히 '세무'가 까다롭다. 내가 돈 쓴 내역을 그렇게 꼼꼼하게 체크하고 모아두어야 한다는 사실이 나처럼 털털한 성격에는 큰 고통이다. 하지만 분기별로 신고해야 하고 때로는 대출받아서 세금을 내는 경우도 있기 때문에 계획을 잘 짜두어야 탈이 없다. 그런 게 재무다.

음식만 맛있게 해서 손님상에 올리면 되는 게 식당일인 줄 알았다. 그런데 막상 해보니 조그만 구멍가게 하나에도 노무, 세무, 재무, 마케팅부터 서비스 교육과 꾸준한 음식 연구개발까지 '경영'의 모든 것이 다 필요했다. 사람이 없는 작은 가게일수록 '사장님'은 정말 전지전능해야 한다. 이 모든 걸 다 하기 때문이다. 평생 상관없을 것 같았던 목공일과 수도와 전기까지 하다 보면 어느 정도 전문가 수준에 오르게 된다.

나는 외식업을 종합예술이라고 생각한다. 상권과 위치 보는 안목이 필요하니 부동산 영역에도 걸쳐 있어야 하고, 음식의 맛을 내는 건 물론이고 더 맛있게 느껴지도록 하기 위한 연출력도 필요하다. 어울리는 배경음악과 디자인 그리고 적합한 테이블과 식기류를 고르는 안목도 키워야 한다.

당연히 고객 서비스도 중요하다. 서비스는 무척이나 민감한 문제인 데다 어느 한 사람도 똑같지 않으니 다양한 성격의 사람들을 모두 만족시켜야 한다. 말하자면 〈미션 임파서블〉이 매일같이 상영되는 거나 다름없다. 이것도 어느 정도 되면 '관상쟁이' 수준에 이르러 몇 마디 나눠보면 어떤 사람인지 쫙 파악된다.

요리는 또 어떤가. 아무리 간단한 음식이라도 수많은 과정을 거쳐 식탁에 놓인다. 농부의 손에서 시작해 서버의 손에 올라 손님 앞에 놓일 때까지, 그 음식에는 직간접적으로 연관된 수많은 노동과 사람의 혼이 담겨 있다.

나는 그 모든 과정에 가치를 부여하고 아름다운 스토리를 입혀서 조명받게 하고 싶다. 식당에서 음식이 나오면 사람들이 감사한 마음이 들도록 하고 싶다. 그러려면 당연히 더 잘해야 한다. 음식이 만들어지고 먹을 수 있게 되기까지가 온전히 고마운 과정이 되도록 더 정성을 쏟고 완벽을 기해서 아쉬운 소리 듣거나 왜곡되는 일이 없도록 해야 한다.

손님이 우리의 노력을 알아주고 고마움을 표시할 때 기쁨을 느끼고 동력을 얻어 더욱 열심히 하게 되는 것. 그 선순환을 만들어내고 싶다.

인생을 걸면
실패하는 이유

자주 했던 말이 있다.

내 모든 걸 걸겠다는 말, 전부를 쏟아붓겠다는 말, 인생을 걸고 해보겠다는 말이었다. 지나고 보면 어떤 말은 말뿐이었고, 어떤 말은 현실로 이뤄보고자 최선을 다했는데 무기력하게 좌절하기도 했고, 어떤 말은 제대로 먹히기도 했다. 말만 그렇게 했을 뿐인데 거저 얻은 경우도 꽤 있었다.

때로는 전부를 걸어야 하는 상황도 있다. 그럼에도 원하는 것을 얻지 못하면 많은 이들은 자신의 부족함을 탓한다. 진정으로 모든 걸 쏟아붓지 못해서 패했다고 생각한다.

하지만 그건 사실이 아니다. 모든 걸 걸겠다고 하는 순간 실패 확률은 급격히 올라간다. 그것은 나약하다는 뜻이기도 하고, 상황의 불리함을 알고 있다는 뜻이기도 하다. 그 나약함을 극복하는 방법은 배수의 진을 치는 것인데, 아무 때나 성공하는 전략은 결코 아니다.

성공할 수 있는 확률은 오히려 모든 걸 걸지 않았을 때 더 올라간다. 무언가에 쫓기지 않고 여유롭게 결정할 수 있을 때, 길이 다소 잘못되었다 하더라도 얼마든지 되돌아가거나 혹은 조금 틀린 길을 가도 괜찮을 때 성공 가능성이 더 높다.

많은 매장을 오픈하고 또 문을 닫아보았다. 매장 하나 열 때마다 수많은 에피소드가 생긴다. 그런 수많은 결정의 순간들 가운데 첫 단추부터 옳았던 적은 별로 없었다. 100가지 중 절반 이상은 틀린 결정이었다. 결정권자가 내린 한 번의 잘못된 결정이 기업을 나락으로 몰고 갈 수도 반열에 오르게 할 수도 있는데, 절반 이상이 틀린 결정이라고 하니 어이없게 느껴지지만 사실이 그렇다.

물론 첫 단추를 잘 꿰는 것이 가장 이상적이다. 하지만 그럴 확률이 반도 되지 않는다면 어떻게 하는 게 좋을까? 인정하는 수밖에 없다. 내 선택이 제대로 된 게 아니라는 전제하에 신중하게 걸음을 내딛는 수밖에 없다.

모든 걸 거는 사람들이 실패하는 이유는, 보통 막다른 길이 나왔을 때 되돌아 나오거나 다른 길을 선택해야 하는데 뚫고 가려고만 하기 때문이다. 방향이 틀렸음을 인정하고 일시적으로 포기하는 것이 전부 실패하는 것은 아닌데도, 그 벽을 기어코 뚫고 가겠다고 돌진하다 부서지고 만다.

　　　　　　　　　　　　　　　　　세 번째 생각, 일을 이끄는 마음

언제나 다른 길과 다른 가능성은 있다. 그 중간 어느 길목에서 언제든 다시 선택할 수 있다. 아니, 다시 선택해야 한다. 그렇게 많은 시도와 실패의 총합 속에서, 끝끝내 옳은 선택을 한 것이 되게끔 만드는 것이 진짜 성공이다.

브랜드가
된다는 것

브랜드의 성장과정은 애벌레가 번데기를 거쳐 나비로 거듭나는 것과 같다. 그래서 앞뒤가 맞지 않는 경우도 꽤 많고, 같은 이론인데 어떤 때에는 맞고 어떤 때는 틀리기도 한다.

주의할 점은, '브랜딩'을 말하는 상당수는 이미 나비가 된 상태라는 사실이다. 애벌레에게 잘못 적용됐을 때는 심각한 부작용을 초래할 수도 있기에 스스로가 잘 가려서 내 것으로 만들 줄 아는 혜안이 필요하다.

예를 들어 브랜드가 되기 위해서는 가성비를 초월한 '가치'를 제공해야 한다. 가격이 아니라 그 브랜드 자체가 '소비하는 이유'가 되도록 만드는 것이다. 하지만 모순적이게도 브랜드가 되기 위해서는 가성비의 과정이 필요하다. 가성비 좋은 제품으로 소비자에게 브랜드를 알리고 반복해서 구매하게 하면서 브랜드를 각인시켜야 한다.

하지만 우리가 궁극적으로 소비자들에게 주고자 하는 것은 '가성비'가 아닌 '좋은' 제품이라는 사실을 늘 명심하자. 구매와 재구매의 과정을 거쳐 좋다는 '호감'을 남기는 게 가장 중요한 과제다. 마지막에 '그 브랜드 참 괜찮았어!'라는 평을 받아야 한다.

그 평을 받기 위해서는 반드시 '번데기' 과정을 잘 거쳐야 한다. 가성비로 시작했지만 좋은 브랜드로 거듭나기 위해 배우고 실행하고 다음 단계로 나아가고 있다는 사실을 보여준다면, 손님들은 제품에 대한 믿음을 갖게 되고 앞으로 구현될 가치를 미리 받은 듯 느낄 것이다.

브랜드가 온다는 건 실은 어마어마한 일이다

과거와 현재 그리고 그의 미래가 함께 오기 때문이다.

〔 **사장의 메모** 〕

목동 매장 방문 : 조명 체크, 먼지 체크, 모듬쌈 수정

조명을 점검했다. 조명이 중간에 이빨 빠지듯 꺼져 있거나 색온도가
다르면 매장 관리가 잘되고 있지 않다는 인상을 준다. 그리고 먼지.
환풍구 주변과 에어컨 쪽은 먼지가 잘 끼므로 늘 체크해야 한다.
새로운 메뉴는 언제나 부진하다. 그래서 마음을 비우고 긴 호흡으로
꾸준히 밀어야 한다. 힘이 빠지면 관리도 잘되지 않는다. 일단 서비
스를 하루에 6개씩 내라고 했다. 뭔가 테이블 위에 놓여 있어야 다른
손님들이 볼 테니까.

대치동 공사현장에 다녀왔다. 내가 보기에는 거의 다 된 것 같은데도 현장에서는 여전히 오픈까지는 요원하다고 이야기한다(보는 사람과 하는 사람의 차이는 그만큼 큰가 보다). 꽤 많은 매장을 오픈했다고 생각했는데도 여전히 서툴다. 해야 할 리스트는 완성되지 않았고, 매번 같거나 전혀 다른 사건들이 변수로 작용하고 있다. 더 잘하고 싶은 욕심이 늘어나면서, 중요하지만 당연해져버린 기존 것들에 소홀해지는 바람에 꼭 필요한 것들이 빠지기도 한다.

SNS가 생기고 홍보채널이 다양해지면서 파워블로거들이 글만 잘 써주면 매출이 오르던 시대가 막을 내리고 있다. 페이스북도 인스타그램도 인플루언서도 이제 안 먹히기 시작했다.

어떤 '채널'이 홍보효과가 좋을지 생각하기보다는, 어떤 '콘텐츠'를 만들어야 홍보가 잘될지 고심해야 하는 시대가 아닐까.

오늘 매장을 둘러보며, 각종 보고와 데이터로 읽어내는 경영과 직접
현장에서 접하는 경영의 차이가 여전히 많이 난다는 느낌을 받았다.
손님과 서버들 간에 오가는 감정, 손님들이 짓는 표정까지 데이터에
담아낼 수는 없다. 사무실에서 나오는 매뉴얼, 기획, 전략 등이 현장
의 온도를 알지 못한 채 만들어진다면 위험할 수 있다는 사실을 절
실히 느낀다.

같은 인테리어, 같은 소스, 같은 레시피인데 어느 매장에서는 대박을 치고 어느 매장에서는 참패한다. 결국 성패를 가르는 것은 상황에 맞는 '운영'에 있다. 아래는 외식업 꿈나무들을 위한 몇 마디.

1. 노트에 적힌 레시피는 무의미하다. 물고기를 훔쳐갈 생각 말고 잡는 법을 배워야 한다. 레시피를 만들어가는 과정과 공식으로 완성하는 방법을 모르면 그 레시피를 상황에 맞게 변형하는 법도 알 수 없다.

2. 어떻게 하고 있는지를 보지 말고 어떻게 해나가는지를 보아야 한다. 나는 한 번도 완벽한 기획, 완벽한 시작을 본 적이 없다. 어설프더라도 완성을 향해 나아가는 과정을 거쳐야 성공을 배울 수 있다.

3. 팔다리가 아니라 머리가 되어야 한다. 시키는 것만 수동적으로 하거나 어떻게 하는지 지켜보기만 하지 말고 직접 덤벼야 한다. 아는 것과 하는 것은 다르다. 직접 해가며 자신의 것으로 만들어야 한다.

4. 운영도 중요하다. 손맛만 믿고 식당을 열었다가 접는 데는 이유가 있다. 잘되는 식당에서 일하며 어떻게 운영되는지를 봐야 한다.

5. 절대적인 옳고 그름은 없다. 옳은 것은 옳은 대로, 그른 것은 그른 대로 모두 배워두면 상황에 맞게 고쳐 쓸 수 있다. 매 순간 편견을 버리고, 비판하려 하지도 말고 통째로 배우는 게 좋다.

성장하는
마음

너무 열심히 하지 마라, 충분히 잘한 거다. 어려운 일 있으면 내게 말해라.

하나마나한 말 같지만, 이런 말이 우리 회사를 건강하게 만든다.

더 튼튼해지고, 더 건실해진다. 경영학과를 나와서 경영에 관한 많은 책을 읽고,

배움을 얻으러 다니고 적용해보기도 했지만 돌고 돌아서 지금이 자리로 돌아왔다.

결국 경영이란 한 명의 누군가와 진심을 나누는 일이고,

그 마음이 모두에게 전해지는 것으로 완성된다.

일상을
예술적으로 사는 법

따가운 눈을 뜨지도 못한 채 다리를 침대에서 땅바닥으로 밀어냈다. 억지로 욕실에 가서 샤워기 물을 틀고 물줄기에 나를 집어넣는다. 그렇게라도 하루를 시작한다. 다 똑같다.

사실 오늘 나는 출근을 하지 않아도 되었다. 집에서 널브러져 휴대폰만 만지작거려도 되는 날이었다. 그럼에도 게으른 내 몸뚱이를 작동시킨 데에는 이유가 있었다.

외식업을 하며 가장 힘든 건 하루도 쉬지 못하는 현실이다. 직원들도 알바들도 쉬는 날이 있는데 정작 나는 몇 달간 하루도 쉬지 못했다. 매장은 감옥처럼 느껴졌고, 나는 감옥 속 늪에서 허우적대는 듯했다. 이렇게 소모되는 걸 막고 싶어서 나는 '경영'을 하고자 했고, 부단히 노력한 끝에 내가 없어도 매장이 돌아갈 수 있도록 구조를 만드는 데 성공했다.

그렇게 가까스로 휴일을 맞이할 수 있었다. 이후 반년 동안은 내가 매장에 가지 않아도 알아서 돌아간다는 사실을 만끽했다.

그런데 내가 간과했던 사실이 있다. 조그마한 구멍가게일지라도 기업활동을 한다는 건 단지 생존해서 버티는 게 전부가 아니라, 자전거 페달을 밟듯이 계속 앞으로 나아가야 넘어지지 않는다는 것. 머물러 있다는 것은 점점 퇴화하는 중이라는 증거였다.

음식점은 가게 문을 여는 날부터 '폐점'을 향해 달려가는 업종이다. 다만 꼼꼼히 기름칠을 해서 페달을 얼마나 오랫동안 밟을 수 있게 하느냐에 따라 폐업 시기가 결정된다. 1년이 될지, 10년이 될지, 100년이 될지는 거기에 달렸다. 멈추는 순간 넘어진다.

나 없이도 매장이 돌아가는 구조는 만들었으나, 그건 내가 페달을 미리 밟아서 붙여놓은 가속도로 움직이는 거나 다름없었다. 다시 밟지 않으면 점점 속도가 줄어든다는 사실을 미처 인지하지 못했기 때문에, 속도가 줄어든 상태에서 뒤늦게 페달을 다시 밟으려니 더 힘들었다. 오히려 빨리 달리고 있을 때는 하던 대로 리듬만 타도 속도가 유지됐는데 말이다.

아직도 나의 일은 내가 얼마나 페달을 밟느냐에 좌우된다. 외식업을 하고 어느 정도 자리를 잡았을 때는 그래도 남들보다 출퇴근 시간에 구속받지 않아도 된다는 게 장점 같았는데, 이 사실을 깨달은 후로는 차마 시간을 게으르게 보낼 수가 없었다. '자율적'으로 나를 떠밀어야 하기 때문에 오히려 더 힘들었다. 구속받고 눈치 보더라도 '이것만 하면 월급은 나온다'며 일하는 게 부러울 지경이었다. 장사를 하며 맞닥뜨린, 자기가 한 만큼 대가를 얻는 현실은 엄청난 장점이기도 하고 단점이기도 했다.

장점인 동시에 단점이라는 이야기는 내가 어떻게 보느냐에 따라 다르게 받아들일 수 있다는 말이다. 일뿐 아니라 모든 것은 마음먹기에 따라 달라진다. 내가 어떻게 생각하느냐에 따라 나의 일상은 지옥이 될 수도 있고, 온통 천국이 될 수도 있다.

나는 늘 최고의 경지를 '예술'이라고 표현한다. 맛도 전문성도 최고 수준이라고 말하고 싶을 땐 예술적이라고 했다. 무슨 일을 하건 아티스트가 되고 싶었기 때문이다. 나의 일도 마찬가지였고, 지금은 일상을 예술적인 수준으로 끌어올리려 노력한다. 그러려면 마음먹기를 어떻게 하느냐가 중요하다. 휴일이 없어서 괴롭다고 할 수도 있고, 내가 할 수 있는 일이 아직 무궁무진하다고 기뻐할 수도 있다. 누워 쉴 수 있었는데 걱정이 되어 나왔다고 볼멘소리를 할 수도 있고, 오늘은 또 어떤 일이 있을까 기대하며 집을 나설 수도 있다. 나는 매번 후자를 택한다. 그리고 그 선택에 따라 내 일상이 예술로 변화하는 과정을 매일 지켜본다.

내가 마음먹는 순간 일상은 예술이 된다. 그런 나의 일상을 한 페이지씩 기록해보고자 한다.

내 선택에 따라 내 일상이 예술로 변화하는 과정을 매일 지켜본다.
내가 마음먹는 순간 일상은 예술이 된다.

초보 사장이
중급 사장이 되려면

어린 나이에 사장 직함을 달면서 가장 어려웠던 점은 '사장의 역할'이 뭔지 모르겠다는 것이었다.

기업이 나아가야 할 방향을 제시하고 인재를 적재적소에 배치하고 어쩌고저쩌고 경영학과에서 배운 것들은 구멍가게에선 하나도 쓸모가 없었다. 나는 당장 슈퍼맨처럼 설거지도 잘해야 하고 주문도 잘 받아야 하고 서빙도 능숙하게 해내야 했다. 손님들은 여차하면 사장 나오라고 하니, 컴플레인도 냉큼 뛰어가서 직접 처리해야 했다.

회사에서는 보고서가 올라오면 결재해주는 게 사장님의 모습이겠지만 그런 것들은 꿈도 꾸지 못했다. 후에 알게 된 거지만, 그건 어느 정도 성장한 기업들 이야기이고 초반에는 뭐든지 현장에서 직접 뛰며 사장이 다 만들어야 한다.

나도 그랬다. 모르지만 다 해내야 했다.

세무를 모르지만 세무를 알아야 했다. 모르는데도 능히 해내야 했다. 인사는 인재를 적재적소에 배치하는 걸로만 알았는데 고용계약서부터 시작해 껄끄러운 노동법에 대한 지식도 필요했고 국가가 강제하고 징수하는 4대보험이나 직원 세금도 내가 악역이 되어 처리해야 했다. 마케팅을 모르지만 마케팅도 담당했고, 낯선 브랜딩 작업도 내 일이었다.

디자인은 특히나 내 적성이 아니었지만 그래도 전문가가 되어야 했다. 외주를 주면 내가 디자인을 모를수록 가격은 올라가고 만족도는 떨어졌다. 나의 피드백에 의해 결과물이 심하게 달라지기도 했다.

인테리어는 가장 어려운 부분 중 하나였다. 나는 도면을 볼 줄 몰랐지만 도면을 놓고 미팅을 했고 뭔지도 모르는 것들을 결정했다.

"주방 콘센트 높이는 바닥으로부터 몇 센티미터 위에 배치할까요?"

"네?"

"스테인리스 두께는 어떤 걸로 할까요?"

"네?"

"메뉴판 폰트와 글자 크기는요?"

"네?"

처음부터 다 갖춰져 있지 않은 이상, 사장은 모든 걸 알아야 한다. 세부적인 것까지 잘 알수록 결과물이 확연히 달라진다. 그렇게 알아가다 보면 깨닫게 되는 것이 있다. 아무것도 모르는 상태에서도 잘해낼 수 있는 방법을 배운다. 문제의 해법을 가진 사람들이 최선을 다할 수 있도록 이끄는 방법이다. 처음에는 결코 알 수 없지만, 이 방법을 알고 나면 초보 사장에서 중급으로 넘어갈 수 있다.

사장은 각각의 역할을 맡아보고 그 사람이 되어봐야 한다. 다리가 풀릴 때까지 설거지를 해보고 엄지손가락이 퉁퉁 붓도록 칼질을 해봐야 그들의 마음을 이해하고 공감할 수 있다. 그래야 그들의 말을 이해하고 질문을 알아듣는다. 그들도 모르는 최고의 답을 끌어내는 비결도 여기에 있다.

주인의
취향을 아는 손님

잭콕 셋, 탄산수 하나.

화장실에 간 일행의 취향까지 정확히 간파해서 주문하는 세심함에서 그들 사이의 '밀도'를 짐작할 수 있었다. 아늑한 골방 같은 그들만의 아지트에 나도 슬쩍 끼어들고 싶어졌다. '그들'이 아닌 '우리'라고 말하고 싶은 순간.

힙하디 힙한 것들 속에서 힙해지지 않는 것이 진짜 힙한 것이라고 믿고 있다. 도처에 눈을 혼탁하게 만드는 가짜 마케팅이 널려 있고 그것에 속아 우르르 몰려갔다가 쭉 빠지는 시대지만, 오랜 시간 묵묵히 단골들을 바라보며 자리를 지키는 가게에 앉아 있으려니, 나도 이런 가게를 만들고 싶다는 생각이 절로 든다.

CD와 LP만으로 음악을 트는 LP 바bar에 앉아 주인이 단골손님

아늑한 골방 같은 그들만의 아지트에 나도 슬쩍 끼어들고 싶어졌다.
'그들'이 아닌 '우리'라고 말하고 싶은 순간.

의 취향에 맞춰 틀어주는 음악을 듣다가, 어느 순간 그 단골손님도 주인의 취향을 알고 있다는 걸 깨달았다. 이게 진짜구나. 그리 친하지 않은데도 서로를 알고 있는 그 묘한 친근함에 큰 자극을 받았다.

아직 내가 모르는 장사의 깊이감이 있구나. 더 파고들고 싶은 승부욕이 더해진다.

가게 경영 이전에
자기경영

    체중감량을 목표로 달려가던 어느 순간, 나는 다이어트와 운동을 병행하는 과정에서 심한 스트레스를 받기 시작했다. 어느 정도 살이 빠지다가 정체기가 되면 조바심이 나서 식이조절을 더 세게 하기도 했고, 생각만큼 줄지 않는 체중에 실망해서 포기할 뻔한 순간도 많았다.

    자기합리화의 늪에 빠져 있던 어느 날, 체중감량이 아니라 '건강'에 초점을 맞춰야겠다고 생각을 바꿨다. '안 먹는 것이 정말 건강을 위한 것인가' 같은 고민을 하게 되면서, 꾸준한 운동은 반드시 지키고 하루 세 끼를 조금씩 먹고 간식이나 야식 그리고 폭식은 금지하는 걸로 방향을 잡았다.

    건강을 목표로 삼고 운동만큼은 놓치지 않으려고 노력하다 보니 어느 순간 체중이 잡히기 시작했고 식이조절도 적절히 하게 되었다. 가장 신기한 건, 체중감량이 아니라 건강을 추구하다 보니 틀어져 있던 생활습관이 바로잡히기 시작했다는 사실이다. 특히 나는 잘못된 수면습관 때문에 오래 고생했는데, 이제는 일찍 일어나려고 억지로 노력하지 않아도 저절로 눈이 떠졌다. 아침에 시간이 남으니 자연스럽게 책이 손에 잡혔고, 그런 리듬 속에서 내가 목표한 것들이 부드럽게 이루어지게 되었다.

이 과정에서 깨달은 것은 두 가지다.

첫 번째, 목표지향적인 것도 좋지만 목표 자체가 좋은 명분일 때 도전하기 좋다는 것이다.

두 번째, 너무 큰 목표를 잡거나 너무 많은 목표를 세우면 지치기 쉽다. 그보다는 할 만한 목표 한 가지를 먼저 확실히 매듭 지으면 나머지는 저절로 잡을 수 있다. 운동이나 다이어트에만 국한되는 말이 아닌, 모든 습관이나 일에도 적용되는 이야기다.

경영이라는 이름으로 조직을 운영하고 회사를 꾸려가고 있지만, 여전히 가장 힘들고 어려운 건 자기경영인 것 같다. 하지만 자기경영을 잘 이루어 나의 바탕을 만들어놓으면 일에도 좋은 영향을 미친다. 이것만큼은 확실하다.

새해의 출발이 좋다. 잘해나갈 수 있을 거란 확신이 든다.

작은 일에
유독 힘들어질 때

　쓰나미처럼 몰아친 큰 프로젝트를 마무리하고 난 뒤에는 항상 슬럼프와의 싸움이 남는다. 큰일을 해치우고 지쳐서 좀 쉴까 싶으면 미뤄두었던 작은 일들이 과제처럼 닥쳐온다. 그 일들은 작지만 이미 지친 나를 무너뜨리기에 충분한 힘을 가지고 있다.

　특히 나는 신규 매장을 오픈하고 난 뒤 슬럼프가 심하게 오는 편이다. 일의 비중으로 따지자면 오픈 준비가 훨씬 더 힘들었을 텐데 그때는 오히려 잘 버티다가 오픈하고 난 뒤 거짓말처럼 무너지곤 한다. 매장의 성공은 디테일에서 갈리는데, 공사현장과 굵직굵직한 발주는 멀쩡하게 잘하면서도 작은 디테일들 앞에서는 육체적·정신적 피로가 동시에 몰려온다.

　여기에 동시다발적으로 발생하는 문제들도 가세한다. 그동안 상대적으로 소홀히 할 수밖에 없었던 일상적인 일들, 기존 매장에 쌓여 있던 크고 작은 문제들이 불거지기 시작한다. 직원들 혹은 시설 문제는 평소엔 우습지도 않지만 지쳐 있는 상태에서는 꽤나 타격이 심하다.

어떨 때에는 이 모든 문제들을 외면하고 싶다. 전화나 메시지가 올 때마다 철렁하기도 하고, 압박감 느낄 필요 없는 연락조차 외면하고 싶을 때가 있다. 어디 내가 숨을 만한 쥐구멍은 없을까? 내 무거운 짐을 조금 나눠 들어줄 사람은 없나?

나는 보기보다 멘털이 약한 편이다. 하지만 번아웃에 가까운 슬럼프를 몇 차례 겪다 보니 어느 정도 데이터가 쌓였다. 그 데이터를 이용해 슬럼프를 벗어나는 방법도 어느 정도는 알고 있다.

첫 번째, 모든 절정 뒤에는 허무함이 따라온다. 그 허무함을 겪고 난 뒤에는 또다시 좀 더 고차원적인 절정을 좇는다. 몹시도 원초적이고 동물적인 이 사실을 미리 알고 받아들인다면 마음이 조금 편해진다. 때로는 그저 인정하는 것만으로도 해결되는 일이 많다.

두 번째, 사소한 것부터 정리해야 한다. 슬럼프에 빠졌다고 느낄 때, 궤도를 벗어나고 있다고 느낄 때, 내 일상과 주변을 둘러보면 딱 한 가지 분명한 게 있다. 루틴이 깨져 있다는 것이다. 방 여기저기 물건들이 제멋대로 놓여 있고 이불 정리가 안 되어 있고 옷장도 엉망이다. 청소도 안 했을 때가 많고, 나 스스로를 정리하지 못한 상태일 때도 있다.

이불 정리부터 시작한다. 옷가지를 정리하고 책상 위를 치우는 것만으로도 한결 나아진다. 머리를 자르고 로션을 꼼꼼히 바르는 것이 극복의 출발점이 될 수도 있다.

세 번째, 심호흡은 언제나 큰 도움이 된다. 흐트러진 호흡을 정상으로 맞추고 마음과 대화를 시도해야 한다. 무엇이 흐트러졌는지, 어느 부분에서 마음이 상했는지 살펴보고 긁힌 부분에는 반창고를 붙여주자. 마음의 상처를 스스로 인식하는 것만으로도 치유에 도움이 된다.

내 앞에 놓인 상황을 외면한다고 해결되는 것은 없다. 정면으로 마주하고 치워버리든 뛰어넘든 해야 하는데, 그게 안 되면 먼 길을 돌아가야 한다. 두고두고 신경 쓰일 수밖에 없고, 나중에는 그렇게 쌓인 것들이 나를 무너뜨린다. 그러니 용기를 내서 다시 바라보자. 사실 별것 아닐 테니까.

네 번째 생각, 성장하는 마음

가장 중요한 것은
목표를 정하는 일

1999년 12월 31일에서 2000년 1월 1일로 넘어가던 자정, 당시 고등학생이었던 나는 종각역 사거리에서 보신각종이 울리기를 기다리고 있었다. 뉴밀레니엄을 알리는 역사적인 순간에 많은 이들이 함께 열광했다. 그 후 숱하게 새해를 맞이했지만 그때만큼 기억에 남는 날은 없었다.

그때를 생생히 기억하는 건 새천년이 시작되었기 때문만은 아니다. 보신각종이 수십 번 울리자 나는 엄마 아빠에게 먼저 전화를 드리고, 그다음으로는 가장 가까운 친구들에게 전화를 걸었다. 사람과의 관계에서 가장 진실한 순간이었을 거다(물론 그 순간만이다).

그러고 나서 뭘 했냐면, 걷고 또 걸었다. 어차피 지하철은 끊겼고 거리는 차가 다니지 못하도록 통제되어 있어 걷기도 편했다. 걸어가는 사람들도 많았다. 나는 길을 그렇게 잘 알지는 못했으므로 그냥 사람들이 걷는 방향을 따라서 걸었다. 종각역에서 종로2가, 3가, 4가, 5가를 지나 동대문까지 지나갔다. 걷기 시작한 건 자정이 넘어서부터였는데, 아무리 걸어도 택시를 잡을 수 없어서 두 시간은 넘게 그 추운 겨울길을 걸었던 것 같다.

처음엔 들뜬 마음으로 걸었는데, 시간이 어느 정도 지나고 나자 춥고 피곤한 마음뿐이었다. 그런데 어느 순간부터는 아무런 생각이 나지 않는 것이다. 무념무상이라고 해야 하나.

그렇게 머리를 텅 비운 순간, '올해 꼭 이루고 싶은 일들'이 떠오르기 시작했다. 지금은 잘 기억나지 않지만, 그런 리스트가 떠오른 것은 내 인생 처음이어서 작은 노트를 사다가 적어놓기도 했다. 물론 그중 이룬 것은 반도 안 됐지만, 그 해부터 나는 매년 하고 싶은 일 목록을 적기 시작했다.

리스트가 쌓이기 시작하면서 나는 목표를 이루는 데 가장 중요한 것은 목표를 정하는 거라고 확신하게 됐다(너무 당연한 말이지만). 우리 알바생들이나 젊은 직원들 중에서는 스무 살이 넘도록 한 번도 목표를 적어보지 않은 친구들이 많았다. 적고 안 적고의 문제가 아니라, 무언가를 이루고 싶다는 작은 목록조차 없이 살아왔다는 말이다.

목록을 적어보라고 하면 영화 속에서 버킷리스트를 적는 것처럼 신나게 쓰는 모습을 상상하는 사람도 있는데, 막상 적어보면 생각보

　　　　　　　　　　　네 번째 생각, 성장하는 마음

다 어려워서 손이 멈추고 만다. 내가 뭘 해야 하지? 뭘 하고 싶었지? 3~4줄도 못 쓰고 그만 막히고 만다.

대부분의 사람들이 그렇다. 자신이 무얼 원하는지, 어떻게 살고 싶은지, 뭐가 되고 싶은지, 뭘 갖고 싶은지, 뭘 좋아하는지도 생각하지 않은 채 그냥 살아간다. 생각한 적이 있다 하더라도 기억 못하는 경우가 많다.

하찮고 별것 아닌 목표 같아도 일단 자신만의 노트에 적어보자. 휴대폰 메모 어플에라도 적다 보면 당장 적을 게 없더라도 앞으로 생각해볼 기회가 생긴다. 그 과정을 통해 내 인생을 바꿔놓을 좋은 습관을 만들 수도 있고, 평생직업이나 꿈을 찾을 수도 있다.

외면하지 말고
직면하자

　며칠 전부터 이상하게 허리 쪽이 아프기 시작했다. 정확히 어딘지도 모르겠고 어떻게 아픈 건지도 분명치 않은데 왠지 모르게 불편했다. 하지만 나는 원래 통증에 둔한 편이라 그냥 무시한 채 일상을 보냈다.

　무리했다는 사실을 깨달은 건 아프다는 것조차 잊은 채 갑자기 투혼을 불사르며 운동을 한 후였다. 저녁에도 내내 불편했는데, 자고 일어나니 정상적인 몸상태가 아니라는 걸 확실히 알게 되었다. 침대에서 일어나는 것조차 어렵고, 걷거나 화장실 변기에 앉기도 힘들었다. 그제야 나는 허리가 어떻게 아픈 건지 살펴보기 시작했다.

　우선 오른쪽 허리, 특히 아랫부분이 아팠다. 근육통인지 신경통인지를 살펴보았는데 신경통에 가까운 것 같았다. 이제 자가진단을 내렸으니 휴일이 지나고 병원에만 가면 되는구나 싶어서 도로 편안하게 누웠다.

시름시름 앓고 있는데, 아는 동생이 전화를 걸어 연애상담을 요청해왔다. 와병 중이다 보니 일이든 개인사정이든 어지간하면 다 무시하겠는데, 연애상담이라니까 그 와중에도 흥미로웠는지 진지한 대화가 시작됐다.

둘의 연애는 이미 막바지에 이르러 사실상 헤어지는 수순을 밟고 있었는데, 남자와 여자 둘 다 자아가 불안정해져서 그릇에 눌어붙은 소스처럼 질척거리며 헤어졌다 다시 만나기를 반복하고 있었다.

나는 이런저런 이야기를 들어주고 또 돌려주었다. 그렇다고 그들의 상황이 좋아지지는 않을 것 같았지만 말이다.

전화를 끊고 나니 다 나은 줄 알았던 허리가 다시 아파서 도로 누웠고, 누운 김에 대화를 곱씹어보았다.

상황이 변해서 사람 마음이 아프기 시작하면 어디가 문제인지 빠르게 되짚어야 한다. 하지만 대부분은 진단을 제대로 내리지 못한 채 사태를 악화시키고 만다. 마음이 아픈 게 근육통인지 신경통인지, 어느 부위가 어떻게 아픈지 구분해야 나와 상대에게 모두 적절한 치료를 할 수 있는데 그걸 정확하게 찾아내지 못하니 결국엔 드러누워 앓는 상황이 오는 것 같다. 지금 허리를 부여잡고 누운 나처럼 말이다.

외로움과 그리움은 전혀 다른 감정이다. 하지만 막상 내가 외로움을 느낄 때는 '내가 외롭구나' 하고 진단하기보다는 외로움을 달래줄 누군가에 대한 그리움이라고 속단하는 경우가 많다. 플라시보 효과로 치유가 되기도 하지만, 그보다는 아픔이 재발해서 마음을 다시 앓게 될 확률이 높다.

자신의 아픔을 정면으로 마주할 용기는 흔한 것이 아니다. 대부분 모른 체하거나 대수롭지 않게 여기거나 혹은 외면한다. 몸이 아플 땐 그나마 병원에 가서 약이라도 타먹지만 마음이 아플 때는 그런 기회조차 주지 않는다. 외로움을 정면으로 마주할 용기가 없어서 누군가를 찾아 헤매거나, 슬픔을 마주할 용기가 없어서 다른 무언가로 덮어둔다.

하지만 그렇게 대충 덮어놓은 감정은 언제고 다시 드러나 나를 아프게 하고 만다.

장사를 하면서도 그랬다. 나는 성공한 사람이 될 건데 내 배경이나 현실은 성공과 동떨어져 있다며 답답해하기만 했다. 나의 평소 행동은 성공과 거리가 먼데 그런 모습은 외면한 채 현실부정만 하니 답답함이 메워질 수 없었다.

그렇게 그 순간의 감정에 충실하지 못하다 보니 자주 슬럼프가 왔고, 마음이 텅 빈 것 같은 공허함을 덮기 위해 나를 정신없게 만드는 무언가를 급하게 끌어오곤 했다. 무리한 소비를 하거나, 사업을 새로 시작하거나, 스케줄을 더 빡빡하게 채워 넣거나, 아니면 게임

네 번째 생각, 성장하는 마음

에 몰입해서라도 외면하고 싶었던 감정들이었다.

정면으로 마주하지 않으면 반드시 다시 나타난다. 언제까지나 외면할 수만은 없는 감정들이다. 지금 자신의 마음에 어떤 상처가 있는지 찾아보고 거기에 작은 밴드 하나만 붙여주자.

미세먼지 네가 이기나
내가 이기나 해보자

석촌호수를 바라보는 자리에 일도씨찜닭을 오픈한 건 가을이었다. 오픈한 지 얼마 되지 않아 바로 겨울을 맞았는데, 그 겨울에 최악의 매출성적표를 받았다. 장사를 하면서 그렇게까지 처참하게 손님이 없는 경우는 처음이었다. 특히 눈이라도 내리면 그냥 문을 닫는 게 낫겠다 싶을 정도였다.

그렇게 추운 겨울이 지나고 맞이한 봄은 그야말로 우리 세상이었다. 마침 벚꽃축제도 코앞에서 펼쳐지다 보니 줄이 말도 못하게 늘어섰다. 하지만 짧은 봄은 순식간에 지나가고 대신 장마가 찾아왔다. 그렇게 줄을 서던 가게가 비만 오면 거짓말처럼 매출이 딱 반 토막이 났다. 비가 그치면 좋아질 거라고 다독였지만, 장마 후 찾아온 무더위는 겨울 못지않게 가게를 주저앉혔다.

네 번째 생각. 성장하는 마음

스치듯 짧은 봄과 가을에만 장사가 될 모양이었다. 어떻게든 해보고 싶었지만, 나는 날씨 앞에서 무력하기 짝이 없었다. 나중에 알게 된 사실이지만 이웃가게 사장님들은 비 오는 날엔 일찌감치 가게 문을 닫고 퇴근했고, 이미 오래전부터 봄과 가을에만 장사가 되는 게 근심거리라 이곳을 어떻게 아름답게 떠날지 고민 중이었다고 한다.

　날씨라는 게 그렇다. 상권별로 들썩이는 날씨나 시기가 각기 다르다. 나들이하기 좋은 봄이나 가을날에 석촌호수의 일도씨찜닭은 손님들로 장사진을 이뤘지만, 같은 시기 다른 지역에 위치한 일도씨패밀리 매장에서는 사람들이 꽃놀이를 가고 단풍놀이를 갈 때마다 손가락만 빨아야 했다. '다들 나들이 갔나 보다' 하고 정신승리하는 것 외에는 할 수 있는 게 없었고, 한강에서 불꽃축제가 크게 열리는 날에는 일찌감치 마음을 비우기도 했다. 손님이 너무하다 싶을 만큼 없던 어느 날엔 '오늘 불꽃축제라도 있나?'라고 말했는데 진짜 축제일이었던 적도 있다.

　그게 그렇게 한이 맺혔다. 할 수 있는 게 정신승리밖에 없다는 게 분했다. 추워서 장사가 안 된다고, 더워서 파리 날린다고, 비가 와서, 눈이 와서, 오늘은 사람들이 닭갈비 말고 다른 메뉴를 찾는 날이라서, 이런 핑계를 대는 게 싫었다. 그래서 그런 것들에도 타격을 입지 않는 장사를 하겠노라며 더 열심히 덤볐다. 3월 3일 삼겹살데이에 근처 삼겹살집으로 손님이 몰리면 괜히 더 큰소리로 인사해서 이목을 끌었고, 삼계탕집으로 쏠리는 복날에는 우리도 복날에 먹는 음식인 척 '복날입니다'라는 배너를 내놓고 어떻게든 복날 대열에 끼려고 했다.

그게 참 그렇다.

세월호 사건이 터진 2014년 4월부터 몇 개월간 손님이 뚝 떨어졌다. 너무나도 안타까운 사건이었고, 사람들이 외식까지 자제하게 될 정도로 큰일이구나 싶어서 더 속상했다.

그다음 해인 2015년 5월에는 메르스 사태가 터졌다. 워낙 파급력이 컸고 속수무책이었기 때문에 사람 많은 곳으로 외출하는 건 금기나 다름없었다. 당연히 식당도 기피해야 할 장소 순위권에 들어갔다.

내가 어떻게 할 수 있는 일들이 아니었다. '어쩔 수 없는' 현상이라고 정신승리하는 수밖에 없었다. 그런데 그게 이상하게 나를 나약하게 만들었다. 자꾸 핑계를 대는 습관이 생겼다. 2016년엔 촛불집회가, 조류독감이, 탄핵이, 대통령 선거가 있어서 매년 '그래도 되는' 핑계가 자꾸 추가되었다.

그때가 가장 사장 해먹기 싫은 때였던 것 같다. 손님이 없고 매출이 안 나도 직원들 급여는 꼬박꼬박 들어가니 차라리 직원이었으면 좋겠다고 생각했다. 월급날만 되면 심장이 벌렁거렸다. 대출을 받아서 급여를 주기도 했고, 세금 낼 돈이 없어서 밀리기도 했다. 결국엔 그것도 대출을 받아서 냈다.

사정이 있었다고? 내 탓이 아니라고? 아니다. 모든 게 다 내 책임이었다. 내가 감당해야 할 몫이었다. 그냥 주저앉아서 이 핑계 저 핑계를 대거나, 아니면 조금이라도 극복하겠다고 난리를 치거나, 선택은 다 내 몫이었다.

사장은 책임을 지고 결정을 내리는 자리다.

삼겹살데이에 닭갈비 먹고 싶은 사람들도 충분히 많다고, 지지 말자고 다독인다. 그런 날에 오면 더 친절하게 대해주자고. 그래서 그런 날일수록 괜히 더 우리 가게에 오고 싶어지게끔 만들려고 노력한다. 나들이 갔다가 마음에 안 드는 식당 가서 기분 망치지 말고 우리 가게로 와서 식사하고 싶게끔 어필하기도 한다. 이런 식으로 할 수 있는 건 뭐든 하면서 우리는 상황을 극복해왔다.

얼마 전, 관측 이래 최악의 미세먼지가 기록됐다.

덥거나 춥거나 비가 오나 눈이 오나, 그래도 먹고 싶어서 날씨를 뚫고 나오게끔 하는 건 어떻게 해보겠는데, 미세먼지 앞에서 또 한 번 벽에 부딪혔다. 속상해서 식식거리다 말고 또 그때처럼 맞붙어보겠노라 다짐한다. 미세먼지 네가 이기나 내가 이기나 한번 해보자.

보통다움

세상에 순응하는 법을 배워야 했다. 동시에 순응하지 않고 거스르는 법도 배워야 했다. 그 균형이 잘 맞아떨어질 때에야 큰 성공을 거둘 수 있다.

사람들은 너무 이질적인 것은 싫어한다. '다른 것'은 동경의 대상이 될 수는 있어도 공존할 수는 없다. 대중을 상대로 비즈니스를 하는 사람들은 특히 명심해야 할 부분이다. 사람들은 특별함을 원하지만 결국에는 익숙한 것을 선택한다.

보통다움, 대중적, 그 익숙함을 잘 받아들이면서도 마치 가슴 속에 비수를 숨긴 듯 몰래 거스를 수 있어야 한다.

언제까지 힘들게 일해야
성공할 수 있을까

진정한 승리란 무엇일까? 어떤 게 성공한 모습일까?

스물여덟 살에 내 장사를 하겠다며 출사표를 던졌던 나의 머릿속엔 온통 '성공'뿐이었다. 어릴 적부터 학교 선생님들에게 귀에 못이 박히도록 성공 이야기를 들었고, 그 이야기는 자연스럽게 나의 인생에도 큰 부분을 차지하게 됐다. 당연히 매장을 오픈할 때도 나는 성공을 위한 큰 그림을 그리며 꿈을 펼쳐갔다.

비록 뒷골목의 작은 곱창집에 불과했지만 나는 세계 최고가 되겠노라며 당당히 말하곤 했다. 함께하는 직원들도 나의 포부에 설득돼 그렇게 될 수 있을 것 같다며 동참해주었다.

그런데 성공하기 위해서는 희생해야 할 것들이 너무 많았다.

첫 번째로 시간을 희생해야 했다. 남들보다 더 일찍 문을 열고,

남들보다 더 늦게 문을 닫았다. 우리 매장 영업시간은 오전 11시부터 새벽 5시였다. 하지만 말이 그렇다는 것이지 사실은 더 일찍 여는 날이 많았고, 아침 8시가 되도록 문을 닫지 못하는 날도 많았다. 한 팀이라도 더 받아보겠다고 새벽 5시에 온 손님을 받고는 3000원짜리 소주 한 병 내주고 한 시간씩 기다리다 보면 어느새 뜨는 해를 보기 일쑤였다.

노력이 결실을 맺었는지 매장이 하나씩 늘기 시작했다. 하지만 그만큼 나의 노력도 더 필요했다. 막말로 나를 통째로 갈아 넣어야 했다. 나뿐 아니라 직원들도 함께 인생을 갈아 넣으면서 매장은 부쩍 늘어났다.

우리는 어느덧 '기업'의 형태를 갖추기 시작했고, 어엿한 회사가 되었다. 이제부터가 본격적인 시작이라며 진정한 승리를 향해 달려나갔다. 매장을 내는 족족 히트를 쳤고, 쇼핑몰에 들어가면 다른 매장을 다 누르고 압도적인 승자가 되었다. 성공이 바로 눈앞에 있는 것만 같았다.

회사는 나와 직원들의 인생을 거름삼아 성장했다. 반대로 우리는 눈에 띄게 지쳐갔다. 처음보다 경제적으로는 나아졌을지 몰라도 더 행복하지는 않았고, 시간적 여유가 생겼지만 여유롭지 않았다.

그때보다 힘들 것도 없었지만 그런데도 너무나 힘들었다. 언제까지 이렇게 힘들게 일해야 하는가에 대한 질문에 나조차 답해줄 수 없었다. 결국 많은 직원들이 번아웃되어 떨어져나가거나 떠나버렸

네 번째 생각. 성장하는 마음

고, 나 또한 스스로 답을 찾지 못해 방황하다가 깊은 슬럼프에 빠지고 말았다.

나는 무엇을 위해 그렇게 열심히 했을까? 내가 꿈꾸던 성공이란 대체 어디쯤에 있는 걸까? 연간 100억대의 매출을 올리면서도 여전히 가난한 나의 마음은 대체 언제쯤 부유해질 수 있는 걸까? 남들은 나더러 성공했다고 하는데 왜 내가 보는 나는 늘 초라하기만 할까?

복잡한 질문들이 나를 괴롭히면서 두통도 심해졌고, 결국 몸져 누워 일주일을 앓았다. 3일 동안은 밥도 먹지 못했고 혼자서는 물도 마시지 못할 정도로 아팠다. 당연히 일을 생각할 여력도 없었다. 하지만 덕분에 내게 정말 소중한 것이 뭔지 다시 생각해볼 기회가 생겼다.

가장 처음 한 결심은 '성공'을 다시 정의해야겠다는 것이었다. 남들의 성공 말고 내가 원하는 성공이란 어떤 모습인지 다시 그려보고, 진짜 승리를 향해 나아가야겠다고 마음먹었다.

행복을 꿈꿨다. 내가 하는 일 자체가 즐겁고 무언가에 몰입하는 순간이 온다면 행복할 것 같았다. 바빠서 고개 들 새도 없이 일하다 벚꽃잎이 비바람에 흩날린 뒤에야 꽃가지를 보고 봄이 다 가버렸다며 우울해하는 게 아니라, 매화꽃이 필 때부터 철쭉이 질 때까지 봄을 다 만끽할 수 있는 삶이면 좋을 것 같았다. 여름도 가을도 겨울도 매 순간순간을 즐길 수 있으면 좋겠다고 생각했다.

그러려면 일이 나를 끌고 가는 게 아니라 내가 일을 끌고 갈 수 있어야 했다. 시간에 쫓기지만 말고 내가 시간을 주도할 수 있어야 했다. 가족들, 친구들, 직원들과의 시간들도 모두 만끽할 수 있어야 했다.

그렇게 다짐하면서 3개월간 몸을 낫게 하는 데에만 집중했다. 몸 상태가 나아지면서 마음도 함께 회복되어갔다. 눈코 뜰 새 없이 바쁘던 스케줄은 크게 달라진 것 없이 빡빡했지만 나는 오히려 여유로워졌다.

이 업계 최고 매출이 아니어도 승리할 수 있다. 매장 수가 많지 않아도, 트렌드를 쫓지 않아도 얼마든지 승리할 수 있다. 물질적인 면에서 1위를 하지 않아도 내 스스로가 나의 기준에서 최고가 된다면 그것이 진짜 성공이다.

나는 내가 하고 싶은 것을 한다. 내가 좋아하는 것을 한다. 국내 최대, 최다 규모의 외식업은 아니지만 내가 표현하는 것을 사람들이 좋아해준다는 사실을 깨달은 어느 날, 나는 비로소 성공한 사람이 되었다.

동행한다는 것만으로
결과를 요구할 수 있을까?

　'정상을 향해 가자!'라고 외치며 사람들을 이끌었지만 사실 나는 아무것도 볼 수 없었고 아는 것도 없었다. 특히 산중턱에서는 정상이 어딘지 보이지도 않았다.

　정상을 향해 오르는 것은 업과 삶이 다르지 않았다. 목적지가 정상이라는 것만 알 뿐, 당장 한 치 앞에 무엇이 있는지는 몰랐다. 그저 멀리 보이는 불빛 하나를 지표 삼아 조심조심 오르는 수밖에 없었다. 앞서가는 사람이 한 명이라도 있으면 감사할 따름이었고, 두려움과 외로움을 잊게 해줄 동행이 있다면 어둠 따위는 물리칠 수 있을 것만 같았다.

　정상을 향해 가며, 나에게 길을 제시해달라던 많은 이들을 잃었다. 당장 내 앞길도 예측하기 힘든 마당에, 중간에 합류한 사람들에게까지 정상에 오른 '후'의 삶을 제시하고 책임질 혜안과 능력이 내겐 없었다. 내가 줄 수 있는 건 그저 이 순간에 최선을 다해야 한다는 추상적인 말뿐이었다.

냉정하게 말하면, 그들을 잃은 것은 잘된 일이었다. 동행한다는 이유만으로 결과를 바라는 사람들은 무거운 짐이 되어 목적지에 이를 수 없게 만들었을 것이다. 오히려 결과를 원하지 않고 '동행' 그 자체에 목적을 둔 사람들, 정상을 향해 오르는 행위에서 의미를 찾는 사람들이 내 곁에 끝까지 남아주었다.

나의 비전은 모두의 비전이 될 수 없다. 그저 나의 비전을 참고하거나, 자신의 길에 동행자가 생기는 정도로 여겨야 한다. 그것이 리더와 구성원 모두가 행복한 결말을 맺는 유일한 방법이다.

네 번째 생각, 성장하는 마음

나의 비전은 모두의 비전이 될 수 없다.
그저 나의 비전을 참고하거나,
자신의 길에 동행자가 생기는 정도로 여겨야 한다.

마음 근력
키우기

"어느 화창한 봄날, 기분도 좋고 컨디션도 최상인 데다 정신도 맑아서 오랜만에 넘치는 의욕으로 계획을 짰다. 스케줄이 조금 빠듯해 보였지만 충분히 소화할 수 있는 정도였고, 새로운 매장 계획도 착착 세워졌다. 뒤이어 모든 일이 순조롭게 잘 풀렸고, 신규 매장 오픈도 순탄하게 잘 진행됐다.

하지만 비가 많이 내리던 어느 날, 쌓였던 피로가 나를 덮쳐 컨디션이 나빠지면서 머리까지 잘 안 돌아가던 그날, 갑자기 동시다발적으로 사건이 터졌다. 컨디션이 안 좋아지니 평소엔 일 같지도 않던 별것 아닌 일들에 심하게 상처를 입었다. 그런 것들이 쌓이고 쌓이면서 날 무너뜨리기 시작한다. 중요한 직원들이 같은 시기에 퇴사하고 모든 매장 매출이 급감한 데다 보수해야 할 것들이 곪아서 터진다. 신규매장에는 결정해줘야 할 것들이 왜 그리 많은지, 평소 안 하던 일이라서 더욱 골치가 아프다."

내 번아웃은 늘 이런 패턴이다. 그래서 나는 신규매장, 신규브랜드를 기획하는 후배들이 상담을 요청할 때 절대로 '번아웃'을 간과해선 안 된다고 강조한다.

컨디션이 좋고 의욕 넘치는 상황에서 세운 계획은, 반대의 상황이 되었을 때 치명적인 위기요인으로 둔갑할 수 있다.

나는 일을 하다 보면 머리가 뜨거워진다. 뒷목부터 뜨거운 무언가가 올라와서 정수리를 향해 직진한다. 이게 어느 순간에는 너무 뜨거워져서 어떻게든 식혀보려고 하지만, 그때는 이미 손쓸 수 없을 정도로 과열된 후다. 마치 돌덩이처럼, 처음에는 열을 받는 게 더디지만 한번 열이 오르면 무섭게 가속도가 붙는다. 그래서 적정 시점에 온도를 조절해주는 게 무엇보다 중요하다.

사장에게 필요한 능력에는 인재관리나 결정력, 앞을 내다보는 능력 등이 있을 것이다. 하지만 나는 그중에서도 한꺼번에 몰려오는 스트레스를 관리하는 능력을 첫손에 꼽는다.

위기는 순서대로 오지 않으며 예측할 수도 없다. 내가 무너진 것은 외부 요인 탓이 아니라, 내 안의 마음 근력이 부족했기 때문이다.

순간을 잃지 않는
경영자

1년 중 가장 마음이 분주한 때는 벚꽃이 필 무렵이다. 흐드러지게 피고 빠르게 지는 모습을 보면 그게 마치 나의 인생인 것만 같아서 조급해진다.

직장에서의 역할, 가족의 역할, 이런저런 사회적 역할에 정작 나의 우선순위가 뒤로 밀리다 보면 흘러가는 순간을 잡아두지 못한다는 사실에 안타까운 마음만 짙어진다.

순간을 잃지 않는 경영자가 되어야 한다. 내 삶과 마음을 경영해야 함께하는 사람들도 경영할 수 있다. 일과 삶의 균형에 대해 진정성 있는 조언을 해줄 수 있어야 흐드러지게 피었다 지는 그들의 마음을 붙잡아줄 수 있다.

일과 삶의 균형에 대한
진정성 있는 조언을 해줄 수 있어야
흐드러지게 피었다 지는
그들의 마음을 붙잡아줄 수 있다.

"서나서나 하소"

스물여덟 살에 CEO라는 명함을 갖게 된 젊은 경영자에게 넘치는 것은 지성이고 부족한 것은 인성이었다. 사람 마음을 잘 안다고 자신했지만 대하는 방법이 서툴다는 건 알지 못했다. 모자란 점은 경영의 툴로 어느 정도 만회할 수 있을 거라고만 생각했다.

'야망'이 있는 사람들은 대하기가 편했다. 그들의 야망 속 성공 공식에 대한 배고픔과 갈증만 채워주면 열정을 다해주었고, 우리는 '윈윈'할 수 있었다. 반면 가장 어려운 직원은 도대체 속을 알 수 없는 타입이었다. 내게 원하는 게 대체 뭔지 좀처럼 드러나지 않았다. 꿈도 희망도 없다는 건가? 돈 때문이라기엔 들어올 때부터 급여는 협의돼 있었고 더 많은 돈이 지급될 일은 드물었으니 그것도 아닌 것 같았다.

결국 나는 그들을 '다루기 어렵다'고 판단했다. 지금 생각해보면 그냥 평범하게 직장생활을 하려던 사람들이었는데 내 경험이 부족했던 탓에 그 마음을 잘 이해하지 못했다.

그러다 보니 편한 사람만 곁에 남았다(이건 두고두고 내 발목을 잡았다). 까다로운 사람은 멀리하거나 티 나지 않게 외면했다. 모르긴 몰라도 그때 내게 서운함을 느낀 사람들도 많았을 테고, 자신의 능력을 발휘하지 못한 사람들도 많았을 것이다.

한창 열정 넘치던 똑똑한 청년 CEO에게 가장 이해하기 어려운 사람은 나의 장인어른이었다. 40년간 직장생활만 하신 장인어른은 나와는 전혀 다른 부류의 사람이었다. 나는 똑같은 일을 두 번 하는 것도 지겨운데, 장인어른은 사회생활 초반에 딱 한 번 이직한 것을 제외하고는 평생 한 직장에 몸담아 일하셨다. 게다가 나를 만나실 땐 꼭 눈을 맞추고 악수를 하셨고(인간관계에 서툰 나는 그게 엄청 불편했다) 늘 같은 말씀을 하셨다.

"서나서나 하소. 너무 열심히 하지 말고."

서나서나는 시나브로의 전라도 방언이다. 그때는 그 말이 뭔지 몰라서 문맥상 적당히 하라는 뜻으로 이해했고 적당히 알아듣는 척하며 넘겼다. 하지만 실은 전혀 납득할 수 없었다. 한창 혈기왕성해서 세상을 다 집어삼킬 기세인 내게 너무 열심히 하지 말라니. 나는 당신 딸과 손주들에게 더 충실하라는 말이려니 해석하고 툭 털어버렸다. 내가 가족들에게 집중하지 않는다고 느껴서 우회적으로 충고

한 것인가 보다 짐작하는 정도였다. 혹시라도 내 열정에 찬물을 끼얹을까 봐 얼른 흘려버렸다.

세월이 흐르면서 나도 어른이 되어갔다. 뜨겁던 열정이 한때는 냉정에 가깝게 얼어붙었던 적도 있었고, 믿었던 사람들에게 몇 차례 상처를 받기도 했으며, 야심차게 새로운 계획을 추진했다가 여러 번 쓴맛을 봤고, 내가 어쩌지 못하는 천재지변 때문에 무력감을 느낀 적도 많았다. 그렇게 번아웃을 몇 번 겪고 나니 열정으로 올인하던 패기도 어디론가 도망가 없어지고 말았다.

성격도 완전히 바뀌었다. 백년도 못 살면서 천 년을 걱정하는 어리석은 중생들을 한심해하듯 까칠한 성향으로 바뀌었고, '이건 이래서 안 될 거야, 저건 저래서 안 될 거야' 하고 부정적 예언만 늘어놓았다. 심지어 그 예언은 적중률까지 높아서, 나는 남몰래 거기에 자부심을 갖기까지 했다.

야망을 가진 사람에게서 120%의 능력을 끌어내던 나였는데, 언제부터인가 영혼까지 끌어낼 것 같았던 그 동기부여를 하지 않고 오히려 부담스러워하게 되었다. 광기 넘치는 모습으로 "다음은 어디입니까!"라고 외치는 사람들에게 등 떠밀려 도전하고 싶지 않았기 때문이다.

게다가 매장이 많아지면서 리스크도 많아지기 시작했다. 내가 얼마나 무거운 짐을 짊어지고 있는지 자각한 어느 날, 멋모르고 기어

네 번째 생각. 성장하는 마음

올라가다가 문득 내려다보고 나서야 감당 못할 높은 곳에 올라왔다는 걸 깨달았던 그 순간부터 나는 다시 내려가고 싶어졌다. 몹시 고독했고, 행복해지고 싶었다.

딱 감당할 수 있을 만큼의 스트레스만 받으면서 적당히 관리해야 할 필요가 있었다. 많아지면 풀고, 다시 쌓인다 싶으면 또 풀어야 했다. 스트레스는 대개 한꺼번에 몰려왔다. 하나씩 터지는 일들이야 눈 감고도 해결할 수 있었지만, 동시다발적으로 터지는 일들은 내게 심각한 타격을 주었다. 스스로도 그 사실을 인지할 정도였다.

아침부터 저녁까지 연달아 이어진 미팅과 업무를 마치고, 오랜만에 이른 저녁에 귀가하는 날이었다. 집에 가서 한껏 늘어져서 쉬고 싶었다. 하지만 나는 누워서도 30분 가까이 쉬지도 못하고 이래저래 불안한 마음에 뜨거운 숨만 내쉬다가 벌떡 일어나서 다시 매장으로 나갔다. 일하러 가는 게 아니라 그냥 답답해서 간 거였다. 내가 가장 편안해하는 매장으로 무작정 걸음을 옮겼다.

좋아하는 사람들이 있는 매장, 아무 생각 없이 잡담할 수 있는 그런 매장이 있다. 바깥에서 그들이 일하는 모습을 한참 엿보았다. 괜히 고맙기도 하고 짠하기도 했다. 그리고 아무 일 없다는 듯이 들어가서, 환한 얼굴로 맞이해주는 직원에게 나도 밝은 미소로 화답한 후 안부를 물으며 어깨를 토닥였다. 그때 내 입에서 나도 모르게 한마디가 튀어나왔다. 너무 열심히 하지 마.

나는 그제야 장인어른의 말이 무슨 뜻인지 이해했다.

장인어른은 40년을 직장생활하면서 오너가 당신에게 눈 맞춰주고 손 잡아주는 데서 힘을 얻었던 것이다. 너무 열심히 하지 말라고 걱정해주는 순간 더 열심히 하고 싶은 마음이 끓어오른다는 사실을 내게 알려주고 싶으셨던 거다.

직원들의 얼굴을 보고 나니 마음이 한결 편해졌다. 아무런 오더를 내리지 않았고 그냥 잡담만 했는데도 신기하게 잘 돌아가고 있다는 확신이 들었다.

매장에 들어서면 무엇을 정비해야 하고 어떤 마음가짐을 가져야 하며 어쩌고저쩌고 '관리'를 하는 것보다, 직원 한 명 한 명에게 안부를 묻고 관심을 가져주고 인간적인 대화를 나누는 게 더 효율적이라는 사실을 점점 깨닫는다.

내 경영의 언어가 그렇게 바뀌어간다.

너무 열심히 하지 마라, 충분히 잘한 거다, 어려운 일 있으면 내게 말해라.

비생산적인 말 같지만, 그런 말이 우리 회사를 건강하게 만든다. 더 튼튼해지고, 더 건실해진다. 경영학과를 나와서 경영에 관한 많은 책을 읽고 배움을 얻으러 다니고 내 일에 적용해보기도 했지만 돌고 돌아서 지금 이 자리로 돌아왔다.

결국 경영이란 건 한 명의 누군가와 진심을 나누는 일이고, 그 마음이 모두에게 전해지는 것으로 완성된다.

김일도가 최고라고
자부하는 것

예전에 내가 자주 듣던 말은 '어린데도 잘해'였다.

어린 것치고는 잘한다는 뜻이었는데, 사실 당시의 나는 철이 없어서 어리다는 이유로 얼떨결에 과감하게 나설 수 있었다. 설령 실수를 해도 어리기 때문에 이해받고 용서받는 경우가 많았다.

시간이 흘러 이 업계에서 10년.

나는 그때 나를 어리다고 귀여워해주셨던 선배들의 나이가 되었다.

이제는 '어리지만 잘해'가 아니라, 그냥 '잘해'라는 말을 들어야 하는 나이다.

그런데 나는 무얼 잘할까?

외식업 참 잘한다는 이야기를 많이 듣기도 했고 스스로 자부심도 느낀다. 누구에게도 지고 싶지 않고 비교당하고 싶지 않은 승부욕도 있다. 그런데 내가 무얼 잘하는지, 왜 최고인 건지는 섣불리 대답할 수가 없다.

회사 규모나 매출은 여전히 프랜차이즈 하시는 선배님들을 감히 올려다볼 수 없고, 돈을 얼마나 벌었느냐로 따져도 '귀요미' 수준이다. 게다가 요즘은 SNS에 자신 있게 포스 매출을 올리는 사람도 있어서, 그걸 보고 있자면 괜히 위축되기도 한다.

디자인을 잘한다고 우기자니 나는 포토샵이나 일러스트조차 다룰 줄 모르고, 브랜딩이나 마케팅을 잘한다고 하기엔 내가 아는 천재들을 제치고 스스로에게 '따봉'을 줄 만큼 뻔뻔하지도 못하다.

나는 무얼 잘할까, 대한민국을 넘어 전 세계 누구와 붙어도 지지 않을 만큼 내가 잘하는 것은 무엇일까.

고민하고 또 고민하던 끝에 나는 한 가지를 찾았다.

외식업에 대한 내 마음, 그 진정성.

음식 하나하나에 담는 마음, 그와 관련된 모든 과정에 임하는 내 자세 말이다.

두부 하나라도 내가 바라보는 관점은 수백 수천 가지이고, 따져보는 경우의 수도 몇 만 개는 될 것이다. 적당히 만들어서 적당히 팔려고 해본 적 없고, 언제나 최적의 방법을 찾기 위해 꿈속에서도 헤매고 다녔다. 일도씨닭갈비, 일도씨찜닭, 일도씨곱창, 일도씨뚝불, 일도불백과 내일도두부, 거여동촌의 모든 메뉴 하나하나가 다 그런 과정을 통해 만들어졌다.

네 번째 생각, 성장하는 마음

사람들이 내게 '잘한다'고 하는 말을 경계한다. 들으면 기분 좋지만 동시에 나를 자만하게 만드는 말이니까. 언제까지나 듣고 싶은 말은 '외식업에 대한 진정성만큼은 김일도가 최고'라는 말이다.

나를 완성하고
회사를 완성해가는 과정

불안감이 나를 뒤흔드는 때가 있다. 그럴 때면 모두가 잠든 시간을 기다리곤 했다. 모든 매장의 마감이 끝나고 자정이 지나 고요해지면 더 이상 아무 일도 일어나지 않을 테니까. 그러고도 한참을 잠 못 이루고 뒤척였다. 불안했던 감정이 가라앉기까지는 시간이 좀 더 필요하니까. 그런 심야시간을 기다리고 또 즐겼던 것 같다.

아침이 되어 세상이 움직이는 시간에는 수면부족 상태로 깨어 있었다. 불안감에 수면부족이 더해지면 그 효과가 극대화돼 마치 나 자신이 쪼그라드는 느낌이 들었다. 어쩌다 낮에 깊이 졸다가 깨기라도 하면 왠지 모를 죄책감이 가슴을 짓눌렀다.

성공을 추구하는 대가로 불안, 초조, 고독 같은 부정적 감정들이 따라왔다. 언제부터인가 그것을 너무도 당연하게 받아들이게 되면서, 밝고 긍정적이었던 나는 어두운 그림자에 익숙해져 갔다.

나는 몹시 감정적인 사람이 되었다. 쉽게 불안해할 뿐 아니라 예민하고 날카로워졌고, 감정표현도 짜증스럽게 하거나 분노만 내보이는 경우가 많았다. 그런 변화는 누구보다 내가 가장 절감하고 있었기에 더 견디기 힘들었다. 순하고 선한 마음씨는 어느 샌가 다 말라버린 것 같았다.

어느 날 엄마께 이렇게 말했다.

"엄마가 내게 장사하지 말라고 하던 마음이 뭔지 이제는 알 것 같아. 치열한 시장에서 악착같이 살아남으려다 보니까 독하고 악한 마음만 남은 것 같고, 사람에 치이고 상처받다 보니까 사람을 대하는 마음도 순수하지만은 못하게 되어버렸네. 다시 순수했던 시간으로 돌아가고 싶어도, 이미 닳고 닳아서 이제는 안 될 거라는 생각만 들어. 이렇게 된 내가 너무 슬퍼."

이런 감정 때문에 가장 힘들었던 시기는 장사를 시작하고 5년쯤 됐을 때였다. 당장 생존부터 해결해야 하던 초창기를 지나 장사가 어느 정도 안정궤도에 들어서고부터, 꿈 하나만 보고 내 하루하루를 갈아 넣는 게 더 이상 먹히지 않게 됐다.

내가 왜 이렇게 열심히 해야 하지? 나는 왜 맨날 이렇게 불안해야 하지? 이 길 끝에 대체 뭐가 있는 거지?

언제나 선택할 수 있었는데, 그때까지도 나는 선택받기를 기다리고 있었다. 이 길 끝에 뭐가 있는지도 알 수 없었지만 우선 보편적으로 옳다고 하는 길을 따라갔다. 확신은 없었지만 당연히 그래야 할 것 같아서, 대다수가 추구하는 길을 눈치 보며 따라갔던 것 같다. 그래서 더 불안했다.

행복해지고 싶었다. 매장을 더 열고 브랜드를 계속 만들었던 모든 이유가 사실은 행복에 있었다. 매출을 일으키고 회사가 성장하는 중에도 내 마지막 그림은 항상 '행복한 순간'이었다. 부자가 되어 근사한 집에 살고 멋진 자동차를 타고 다니는 삶도 꿈 속 한 장면이긴 했지만 나는 결국 물질보다는 행복에 초점을 맞추고 싶었다. 나는 모든 과정을 거치고서야 내가 행복해지고 싶어서 지금까지 달려왔다는 걸 알았다.

가장 중요한 깨달음은, 행복은 감정이라기보다 내가 선택하는 '삶의 방식'이라는 사실이었다. 불안이나 초조, 고독도 모두 마찬가지였다.

결국 자기 자신이 되어야 한다. 어떤 상황과 환경이 주어져도 스스로 행복할 수 있도록 자기 자신을 붙잡고 있어야 한다. 불안도 고독도 모두 내가 선택할 수 있는 옵션으로 두고, 내가 주인이 되어 그 옵션을 활용할 수 있어야 한다.

어린 나이에 경영을 시작한 나는 경험이 부족했기 때문에, 혹은 준비가 부족하고 완성되어 있지 않았기 때문에 경영이 어렵다고 생각했다. 하지만 '자기'에 대한 경영과 '회사'에 대한 경영이 일맥상통한다는 것을 깨달은 후에는 경영이 쉬워졌다. 나를 완성해가고, 같은 방식으로 조직의 구성원들이 자신을 완성할 수 있도록 돕고, 마침내 회사가 완성될 수 있도록 하는 과정 자체가 경영이다.

테이블 위에 모두 늘어놓고, 선택만 하면 된다.

꿈은 나를 이끌지만
욕심은 나를 병들게 한다

　외식업계의 강호를 떠난 뒤 나에겐 평화가 찾아왔다. 강호에 머물 때는 높은 곳에 우뚝 선 브랜드를 쫓겠다고 안간힘을 썼고 경쟁업체를 견제했으며 치고 올라오는 후배들을 의식해야 했다. 현재 업계 트렌드는 어떻게 돌아가는지 촉각을 곤두세워야 했고, 브랜드의 성장세를 가늠하는 데 적잖은 시간과 노력을 투입했다.

　사람 때문에 고생한 일도 셀 수 없다. 사기꾼인 걸 알면서도 악마가 내민 손을 잡아봤다가 뒤통수만 세게 얻어맞기도 했고, 나의 도움이 간절히 필요했던 사람들에게는 관심을 주지 못한 채 쓸데없는 사람들에게 오지랖 넓게 시간을 허비한 적도 많다.

　일에서 중심을 잡는 것도 어려웠다. 고깃집이 판치면 왠지 나도 그걸 해야 할 것 같았고, 쌀국수집이 우후죽순 생겨나면 나도 하나 내야 할 것 같았다. 경리단길이 뜰 때에는 거기에 없는 나만 고립된 느낌이었고, 다들 뉴트로를 말할 때도 나만 레트로에 머물러 있는 것 같았다.

남을 의식하느라 나를 의식하지 못했던 어느 날, 내 것들은 모두 병들고 시든 것 같아 가운데 끼인 사람처럼 안절부절못하다 심하게 앓아 누웠다. 스트레스가 너무 컸던 게 이유였다.

며칠을 누워 있다 보니, 그만 이도저도 다 싫어져서 외면한 채 스스로를 고립시키는 방법을 택하게 됐다. 그렇게 혼자서 시간을 보내며 세상이 나만 놓고 흘러가고 모두가 떠나가버렸다고 여겼던 어느 날, 문득 여전히 내게 남아 있는 것들을 보았다.

나, 나의 가족들, 나의 동료들, 나의 브랜드, 나의 친구들.

온전히 '나'의 것들만 남아 있었다. 지금 남아 있는 것들이 나의 것이었다. 정말 지켜야 할 것들, 가장 소중한 것들이 무엇인지 그제야 제대로 구별되기 시작했다.

꿈은 나를 이끌었지만, 욕심은 나를 병들게 했다. 나는 꿈과 욕심을 구별할 줄 몰랐다. 업계에서 중요한 사람이 되고, 업계에서 주목받는 브랜드가 되는 것은 아무 의미가 없었다. 내가 얼마나 내 일에 애착을 가지고 자부심을 느끼며 일하는지, 회사에서 얼마나 중요한 사람이 되고 또 사람들을 중요하게 생각하는지에 의미가 있었다.

강호는 내 안에 있었다. 나는 굳이 누군가와 대결하며 고수가 될 이유가 없었다. 그저 스스로 수련하며 묵묵히 나를 완성시키는 길을 가면 됐다.

늘 뒤척이면서 불안해하던 밤에도 이제 편하게 잘 수 있고, 자주 체하던 식사도 편히 즐길 수 있다. 사람들과 있을 때 웃을 수 있고, 꽃이 피면 내 마음도 활짝 피울 수 있다. 나는 그렇게 내 삶을 살고 있다.

다시 '나'로
돌아와야 한다

　오늘 하루도 거친 세상 속으로 나를 떠밀었다. 나는 그렇게 스스로에게 등 떠밀려 업무를 시작한다. 고요하지만 치열한 사무실에서, 북적북적한 매장에서, 그리고 고된 하루를 보낸 직원들 틈에서 앞으로 나아가야 할 길을 고민하며 매장 상황을 점검하고 수정하고 이야기를 나누다 보니 하루가 금세 마감됐다.

　고요하다가도 북적이고, 둘러싸여 있다가 다시 혼자가 되는 상황이 끝나면 눈앞에 무언가가 아른거리고 귓가에 이상한 소리가 윙윙거리곤 한다.

　내가 있지도 않았던 상황에서 벌어진 일에 대해 듣고 머릿속에서 빠르게 재현한 후 무언가를 판단하고 결정해야 한다. 그렇게 제시한 해결책과 방향은 틀릴 가능성이 높지만 그래도 어떻게든 좋은 결과를 만들어야 한다. 억지 대마왕이 되는 셈이다.

　사람이 쉽게 변하지 않는 건 알지만, 그래도 직원들을 유도하기 위해 돌려돌려 변화를 꾀한다. 그러다 보면 그 속에 '나'는 대체 어디 있는지도 모른 채 하루가 끝나곤 한다.

　나는 듣는 사람이 되었다가 말하는 사람이 되었다가 해결사가 되었다가 등대가 되었다가 교육자가 되었다가 멘토가 되었다가 다시 나로 돌아온다. 가끔은 나를 잃어버리고 방황할 때도 있다. 나를 잃었다는 걸 알아차릴 수 있다면 그나마 다행이다. 그마저 모른 채 방치해두었다가 되찾지 못하는 경우도 있다.

　무엇이든 되어야 하고 될 수 있는 사람이지만, 늘 '나'로 돌아와야 한다. 지켜내야 한다. 매일같이 나를, 내 마음을 되찾지 못하면 앞으로 나아갈 수 없다.

　　　　　　　　　　　　　네 번째 생각, 성장하는 마음

대부분의 결정은
틀렸다, 그러니…

    방황 속에 허비했던 20대 초반을 속죄하는 마음으로 나는 일찍부터 미친 듯이 달렸다. 또래 친구 모두가 청춘의 순간에 머물러 있을 때에도 전력질주를 했다. 얼마나 빨리 달릴 수 있는지가 가장 중요했고 느림보들은 다 틀렸다고 생각했다.

    미친 듯이 달려와 주위를 둘러보니 어느덧 30대다. 이제 와서 깨달은 사실은 내가 너무 동떨어진 질주를 했다는 것이다. 속을 터놓을 친구가 없었고, 외로웠다. 다행히 나와 비슷한 마음을 가진 사람들을 만나 위로를 받기도 했고, 페이스메이커 삼아 서로를 발전시켜주기도 했다. 하지만 몸도 마음도 모두 엉망이 되었던 탓에 얼마나 꾸준히 달릴 수 있는지만이 가장 중요하다고 생각하는 건 변하지 않았고, 속도조절을 못하는 건 다 오답이라고 여겼다.

내가 그랬듯이 많은 사람들이 자기만의 기준을 세우고 그 기준과 다르면 '틀린' 것으로 간주한다. 하지만 내가 20대에 시간을 허비하지 않았다면 전력질주도 안 했을 테고, 그랬다면 지금처럼 30대가 되어 속도를 조절할 수 있는 상황을 맞이하지 못했을 것이다.

　지금도 맞고, 그때도 맞다. 우리는 늘 그때 그렇게 하지 않았어야 했는데, 그때 그렇게 했어야 했는데 하고 후회하곤 한다. 만약 인생 극장에서 다른 한 편을 찍었다면 지금과 같은 아쉬움과 후회가 전혀 없을까? 나는 아니라고 생각하고, 그런 생각을 할 이유도 없다고 생각한다. 안 그래도 어깨 위에 올라앉은 중압감 때문에 발걸음이 무거운데, 여기에 후회와 아쉬움까지 얹어놓을 필요는 없다.

　늘 결정을 내리는 자리다 보니 뭘 하더라도 불확실하다고 느끼는 때가 많다. 하지만 내가 확실하다고 믿는 한 가지가 있다. 결정의 대부분은 틀렸다는 것이다. 어떤 결정을 내리든, 그 결정을 가지고 어떻게 옳은 결과를 만들어가느냐가 관건이다. 무조건 결과적으로 옳은 결정이 되게끔 만들어야 한다는 것이다.

　틀리지 않았다. 모든 순간들은 삶의 중요한 밑거름이 되고 자양분이 된다. 자신이 그렇게 생각하는 순간부터 말이다.

　네 번째 생각. 성장하는 마음

만족도에 집중했다. 손님들에게 한마디라도 더 건네면서 가까이 다
가가려 하거나 반찬이라도 조금 더 챙겨주려고 했다. 동네가 몹시 좁
다고 느꼈다. 좋은 것이든 나쁜 것이든 소문이 빠르고 금세 공유되
는 것 같았다. 그래서 그런지 몰라도 오픈 3일 만에 사람들이 마구
들어왔다. 아수라장이 될 수도 있었지만 생각보다 능숙하게 풀어나
갔다. 어제는 전체적으로 95점은 줄 수 있을 것 같다. 100점까지는
힘들겠지만, 최대한 가까이 가려고 노력한다. 잘하고 싶다.

우리는 음식만 파는 게 아니다. 식당이라는 공간을 점유하면서 시간을 공유하는 사람들이다.

젊은 시절 나는 삶의 대부분을 예측할 수 있고 또 통제할 수도 있다며 자만했지만, 그건 '나'만 생각했을 때의 이야기였다.

나로 인해 웃었던 일은 떠올리기 힘든 반면 나의 가족, 함께 일하는 동료들, 마음을 주고받은 친구들과의 기억은 늘 생생하고 풍부하다. 이들이 나를 웃고 울게 만든다.

네 번째 생각, 성장하는 마음

때로는 자기어필을 해야 하는 타이밍이 있다. 매출이든 퍼포먼스든 적절한 말로 어필해야 하는 상황이 온다.

대표는 어쩌면 꿈을 파는 자리인지도 모르겠다. 말도 안 되는 실현 불가능한 꿈을 팔면서 그 꿈에 최대한 근접할 수 있도록 비즈니스를 해야 하는 자리일 수도 있다. 마치 약장수처럼 말이다. 나도 한때는 누구보다 기세 좋게 꿈팔이를 했는데, 이익을 내면서 생존이라는 장기적인 짐을 업고 가다 보니 몹시 현실적인 사람이 되어 있음을 깨달았다.

하나를 가지고도 열을 가진 사람처럼 행동하기보다, 열이 있어도 하나만 가진 것처럼 굴어야 했다. 그게 장점이자 단점이라는 걸 최근 들어 깨닫고 있다.

안 되는 이유가 많이 늘었다. 이건 이래서, 저건 저래서 안 된다는 말을 자꾸 내뱉는다. 기껏 방법을 찾고자 나의 의견을 묻는 이들에게, 혹은 어떻게든 한번 해보고자 하는 이들에게 난 자꾸 이래저래 찬물을 끼얹는다.

하루 종일 날카로운 칼날과 불 앞에서 요리하는 사람들, 매일 수십 명에서 수백 명의 낯선 사람들에게 자기가 가진 모든 친절함을 끌어올려 서비스하는 서버들, 곳곳에서 터지는 변수를 막느라 바쁘게 뛰어다니는 사장님들. 이들을 바라보는 사회적 인식을 바꾸고 싶다. 더 존중받아 마땅한 사람들이라고, 까칠한 태도는 내려놓고 서로 존중하는 마음이 오고 갔으면 한다고 말이다.

에필로그

모두 그 과정을 겪습니다

글을 쓰는 게 좋았다. 내 안에 있는 뜨거운 것을 어떻게 해야 할지 모를 때 글과 사진은 유일한 분출구가 되어주었다. 그것이 쌓이고 쌓이다 보니 누군가에게는 도움이 될 수도 있겠다는 생각이 들었고, 투박하지만 크게 다듬지 않고 내어놓기로 했다.

그럼에도 쉽지 않았던 건, SNS에나 올릴 법한 이야기여서는 안 됐기 때문이다. 독자가 돈 주고 살 만한 가치가 있는 글이어야 한다는 출판사의 높은 기준 덕분에 나는 내가 할 수 있는 최대한의 노력을 이끌어냈다.

그럴싸한 영웅담을 담은 자서전도 아닌, 이곳저곳에서 끌어다가 짜깁기한 것도 아닌 나의 이야기를 담았다. 장사를 하며 좌충우돌했던 에피소드, 가장 힘들고 어려웠던 시절의 실수와 거기서 얻은 교훈들. 일기장에나 숨겨두고 싶었던 이야기들을 꺼내놓기까지는 많은 용기가 필요했다.

죽기 살기로 일했다. 악으로, 깡으로 버티며 살아남고자 했다. 살아남을 수만 있다면 악마의 속삭임에도 기꺼이 귀를 기울이고 싶은 심정이었다. 그러다 보니 처음의 순수했던 마음은 없어지고 어느 순간 닳고 닳은 인간이 된 것 같아서 슬프기도 했다.

사람들은 내 초창기의 모습은 보지 못한 채 지금만 바라본다. 성공에 이르기까지 단계마다 피투성이가 되어야 했던 과정은 생략한 채 지금의 모습으로 나를 판단한다.

그런 나를 바라보는 직원들에게 해주고 싶은 말이 많았으나 오히려 섣불리 말하기 어려웠다. 죽기 살기로 해야 성공한다고 이야기하자니 그것이 과연 옳은 일인가 싶기도 했고, 때마침 '워라밸' 열풍까지 불어닥치는 바람에 더욱 조심스러워졌다. 그래, 인생 즐기면서 사는 것도 나쁘진 않으니까….

솔직히 직원에게 아파트를 사준다거나 가게를 하나 차려주는 보상을 해줄 수도 없고, 뉴스나 책에서 보던 구글이나 3M처럼 대단한 복리후생도 제공할 수 없다. 쥐꼬리만 한 월급 주면서 그래도 열심히 해야 한다고 말해야 하는 사장의 마음도 참 어렵다.

그럼에도 불구하고 열심히 해야 하는 이유는 회사를 위해서도 아니고 자신을 위해서다. 평생 해야 하는 게 일인데, 일 자체가 주는 성취감을 스스로가 보상으로 챙겨먹게끔 만들어주는 게 내 몫이라고 생각한다.

　장사를 하며, 일을 하며 내게 가장 필요했던 말은 '나만 그런 게 아니구나' 하는 위로였다. 저 사람도 똑같이 힘들어했구나, 다 그런 과정을 겪는구나. 이런 위로가 나를 포기하지 않게 만들었다. 그래서 나도 내 이야기가 누군가에게 위로가 되길 바라는 마음으로 숨겨둔 글을 꺼낸다.

　마지막 원고를 보내기 위해 전송 버튼을 클릭하던 순간, 울컥했던 마음이 유난히 기억에 남는다. 그만큼 깊은 곳에 있는 이야기까지 꺼냈던 것 같다. 이 글이 당신의 깊은 곳에도 닿을 수 있는 진심어린 위로로 전해진다면 좋겠다.

사장의
마음

2019년 6월 2일 초판 1쇄 발행
2021년 8월 16일 초판 6쇄 발행

지은이   김일도
펴낸이   권정희
펴낸곳   ㈜북스톤
주소   서울특별시 성동구 연무장7길 11, 8층
대표전화 02-6463-7000
팩스   02-6499-1706
이메일   info@book-stone.co.kr
출판등록 2015년 1월 2일 제2018-000078호

ⓒ 김일도
(저작권자와 맺은 특약에 따라 검인을 생략합니다)
ISBN 979-11-87289-60-9 (03320)

북스톤은 세상에 오래 남는 책을 만들고자 합니다. 이에 동참을 원하는 독자 여러분의 아이디어와 원고를
기다리고 있습니다. 책으로 엮기를 원하는 기획이나 원고가 있으신 분은 연락처와 함께 이메일 info@book-
stone.co.kr로 보내주세요. 돌에 새기듯, 오래 남는 지혜를 전하는 데 힘쓰겠습니다.